出会いにひとつのムダもない

中谷彰宏

PHP文庫

○本表紙図柄＝ロゼッタ・ストーン（大英博物館蔵）
○本表紙デザイン＋紋章＝上田晃郷

1 まえがき

花を受け取る時は、どこを見ているか。

玄関のチャイムがピンポンと鳴り、「お花のお届け物です」と言って花束が渡された時に、あなたはどこを見ていますか。

この時、人間に興味のない人は、「ハンコください」と言われたら伝票しか見ていません。

これでは出会えません。

1つは、**まず花を持ってきてくれた人を見ることです。**

強盗が宅配便のサービスマンを装うのは、どうしてでしょう。

荷物を受け取る人が届けてくれた人を見ていないからです。

ハンコを押すところを一生懸命見ていて、物すら見ていません。

人間に興味のある人は、まず持ってきた人を見ます。

いつものお花屋さんだなとわかったら、「ああ、いつもどうもありがとう」と言って、次に渡された花を見ます。

その後、サインをして、また相手を見ます。

これが、通常、人と出会うことの好きな人の目線の流れです。

人と出会うのが嫌いな人は、人間から目をそらしています。

届けられた花すら見ていない。

伝票という事務的なところばかりを見ています。

これでは伝票と出会えても、人間とは出会えません。

家までお花を届けにきたお花屋さんの側の気持ちになってみてください。

花束を渡して、ハンコを押してもらって、「はいどうも」と言われたら、口では「ありがとうございました」と言って帰っても、うれしくありません。

これでは何を渡しても一緒です。

花束を渡されたら、届けてくれた人とその花束を見ることです。

私はいつも定期的に花束を届けてもらっています。

「今日はこんな花だ、そんな季節なんだな、いつもより多いな、ああ、サービスしてくれたな」と思って、「ありがとうね」と感謝する。

これが人間と人間のやりとりです。

そんなことをいちいちしなくても、ハンコだけ押して、「はい、どうもありがとう」と言って、ガチャンと鍵を閉めてしまうこともできます。

でも、こんなさみしいことはありません。

立ち話で長話をしてもいいのです。

人と出会うことが好きな人は、そういう時に、ちゃんとやりとりができます。

宅配便を届けてくれる人とどれだけ話をしていますか？

宅配の荷物は、ブロックごとの配達エリアが決まっていますから、たいていいつも同じ担当の人が届けにきます。

その人とどれだけ話をしていますか？

物だけ見て、ハンコを押して、物を振って、「ああ、これは○○だな」、それで終わってはダメです。

荷物を届けてきてくれた人を、ちゃんと見ましょう。

誰から来たのか荷物を見ているだけではいけません。

そこまで運んできてくれた人もいるわけです。

運んできてくれた人を見ることです。

今、目の前に花束が届けられたとして、ひょっとすると、その花束を届けてくれた人は、届けてくれる係の人かもしれません。

運んでくれた人が、その花束をアレンジメントしてくれた人かもしれません。

今日の花束はとてもきれいにできているという時もあるでしょう。

その時には、伝票にただサインするだけではなくて、担当者という欄に名前が書いてあるはずです。

「○○さんというのはあなたですか」と聞いたら、「いえ、私は違うんです」「あなたのお名前は何ですか」「○○と申します」と答えてくれるでしょう。

「いつもありがとうね。この人に言っておいてください。今日のアレンジメントは一段ときれいにできていますね」という会話ができます。

花のアレンジメントがきれいにできている時と、きれいにできていない時があります。

花のアレンジメントは力量の差が出ます。

そのため、流行る花屋さんと流行らない花屋さんができるのです。

ただし、受け取るほうもそれをちゃんと見ていないと、つくる側も一生懸命できません。

花束がきれいにできるコツがあります。

センスよくできている花束は、花瓶に差した時にきれいに広がります。

茎をただ真っすぐに切って、輪ゴムでとめてあるだけでは、きれいに開きません。

茎がらせん状になっていることが、きれいなアレンジメントをつくるコツです。

それから「これをつくった人はかなりセンスがある。この人は花の色の組み合わせもいつもよくできている」という話をちゃんとできるのは、見ているからできるのです。

「今日のは特別にこういうお花を入れてみました」というふうに、またコミュニケーションができます。

相手の顔を見て、相手がつくってきてくれたものを見るから、初めてその話ができるわけです。

ところが、ただハンコを押しているだけでは、そんな話は何もありません。

プロセスはまったく同じでも、一緒にいろいろな話をして、いろいろなことも教えてもらえて、相手の名前も覚えることができます。

運んでくれる人も、今度はこんなふうにしようとか、あそこへ行って、ただハンコを押してもらうだけではなくて、「ああ、あの人とひと言、ふた言話をするのが、いつも楽しみだ」となるわけです。

これが出会いです。

ただ事務的にやったら、出会いなんて何もありません。

どんなにたくさんの人と会っていても、出会いは何も生まれないのです。

素晴らしい出会いのために 1 プレゼントをくれた人の顔を見よう。

出会いにひとつのムダもない

素晴らしい出会いのために

1 プレゼントをくれた人の顔を見よう。
2 お客さん同士を紹介しよう。
3 パーティーでは、挨拶のお手本を探そう。
4 初対面の人と寄り道をして帰ろう。
5 何か1つ質問をしよう。
6 支払い合戦よりも、2次会の場所を手配しよう。
7 交差点で、タクシーをとめない。
8 利用するのではなく、利用されよう。
9 貸してと言われたら、プレゼントしよう。

10 歩み寄って、名刺を渡そう。

11 自分で動いていける人になろう。

12 名刺を捨てよう。

13 今日もらった名刺は、今日整理しよう。

14 自分の名刺ともらった名刺が混ざらないようにしよう。

15 名刺は、最低3度まで渡そう。

16 名刺を持っていない人にこそ、名刺を渡そう。

17 嫌われる覚悟を持とう。

18 自分にも相手にも、60点でよしとしよう。

19 見返りを期待しない。

20 裏切り者と呼ばれる覚悟を持とう。

21 被害者にばかりならない。

22 自分のそばにいい人を見つけよう。
23 後ろの人のペースをジャマしない。
24 電話番号を知ることで、満足しない。
25 善意に解釈しよう。
26 アクシデントで、仲良くなろう。
27 相手が動く方向を読める人になろう。
28 テーブルでコートを羽織らない。
29 一生懸命自分を磨こう。
30 まわり道を楽しもう。
31 人の集まるところに行こう。
32 出会いに、肩書を持ち込まないようにしよう。
33 仲間の成功を応援しよう。

34 離れていても熱い人になろう。
35 背中に目を持とう。
36 右折車を通してあげよう。
37 見えない相手に、挨拶しよう。
38 年齢だけで、部下と同じ扱いをしていないか気をつけよう。
39 感動したら、いつでもどこでも拍手をしよう。
40 面白くなくても、笑おう。
41 食事をしながら会話をしよう。
42 お祭りの傍観者にならない。
43 たくさん食べて、驚かそう。
44 元気がない時は、元気な人に会おう。

出会いにひとつのムダもない……目次

第1章 小さな出会いを大事にする人、しない人。

第2章

出会いを大事にする名刺とのつきあい方。

第3章

思いやりを持てる人、持てない人。

第4章

出会いを大事にする人が、成功する。

第5章 出会いが、人生を豊かにしてくれる。

第1章

小さな出会いを大事にする人、しない人。

2 結婚式の主役はお客さんだ。

結婚式の主役はいったい誰でしょうか。

本当は、集まってくださる出席者が、結婚式の主役なのです。

花嫁でも花婿でも両家でもありません。

結婚式は、集まってくださった皆さんの新しい出会いの場なのです。

通常、結婚式の披露宴にパンフレットなんて用意しません。

マンガ家の中尊寺ゆつこさんの結婚式は、新婦自作のパンフレットがついていましたが、これがよくできていました。

結婚式披露宴の席上で困るのは、隣に座った人同士が知らない人だから、テーブルが盛り上がらないことです。

新郎新婦とはどういう関係かというところから話さなくてはいけないので、なかなか話が弾みません。

スピーチもつまらないことが多い。

みんながブスッとしてかたい話を聞いてしまっているからお互い話もできません。

招かれた側は、隣に知らない人が座っていたからといって、押し黙っていてはいけません。

これはマナーに反します。

「知っている人と並ばせてね」と頼むのも、本当はいけません。

披露宴の席で知っている人同士ばかりが話していてはダメです。

今までまったく関係なかった2人が出会う場です。

御両家という言い方は、昔ながらの家と家との結婚のような言い方ですが、実はそれぞれの人脈の結婚なのです。

人脈をファミリーと置きかえると、それぞれのファミリーの結婚です。

ファミリーというのは血縁だけではありません。

あなたの友達もあなたのファミリーです。

そのファミリーとファミリーが出会って、無限の組み合わせができる。

結婚式に行って、新しい友達が1人もできないまま帰ったら、結婚した当人に対して申しわけない。

「ああ、懐かしいな」と、昔の人に会うのもいい。

久しぶりの親戚の人に会うのもいい。

でも、それだけで帰ってはいけません。

あなたの役割を果たしていません。

そこで出会いをつくっていかなければなりません。

少なくともあなたのテーブルに座っている8人なりの人たちに対して、「どういうご関係ですか」と言って、そこで会話が盛り上がっていかないとつまらない。

呼んでくださった方に申しわけない。

これは本当は新郎新婦も考えなくてはいけません。

中尊寺さんは、細かい作業をしました。

それぞれのテーブルに座っている全員の紹介パンフレットを作ったのです。

参加者全員について、新郎新婦とはどういう関係なのか、どういう人なのか、その人へのメッセージまで書いてありました。

これはなかなか大変な作業です。

ふだん会っている仲のいい友達はいいです。

結婚式はもちろん仲のいい人が来ますが、何十年も会ってない親戚も来ます。

書きようがありません。

昔会った時は小さかったのに、急に大きくなっているということがあります。

そういうことを書いていくという行為が大切です。

「この人にはこういうふうにお世話になった」ということを、パンフレットを作りながら思い出すのです。

これをやらないとダメです。

一番大事なのは、あっ、この人はどういう関係だっけと思い出せないような人のことを思い出していくことです。

それが、結婚式で久しぶりに会うとか、知らない人に出会うことの大事さです。

素晴らしい出会いのために 2 お客さん同士を紹介しよう。

3 パーティーは、挨拶の勉強の場だ。

パーティーに行くと、「退屈だから帰りたい」という気持ちになる人も多いと思います。

私もパーティーが苦手で、すぐ退屈になって、トイレへ行って留守番電話を聞いているうちに、帰ろうかなという気持ちになります。

ここで頭を切りかえてみましょう。

パーティーで知り合いもいなくて退屈したら、今日は知り合いをつくりにきたのではなくて、人との接し方、挨拶の仕方を勉強にきたんだと考えるのです。

パーティーで、「美人はどこにいるかな」とか、「カッコいい人はどこにいるかな」とか、「偉い人はどこにいるかな」と見ているのではない。

「ああ、あの人の挨拶はうまいな」「話しかけ方は、こういうふうにするんだな」「名刺とはこういうふうに出すんだな」というのを見て、勉強する場にします。

それには、パーティーほどいいお手本はありません。

もちろん、パーティーの苦手な人はいます。

でも、見ていると、ひとところにかたまって同じ社員同士でしゃべっているような人ばかりではないのです。

動きがさわやかで、イヤ味がなく、ちゃんとたくさんの人に挨拶をしているような人をお手本にしていく。

「今度、これをまねしてみよう」と思うようなお手本を見つけにパーティーに行けば、パーティーは全然退屈しません。

「ああ、退屈だな」と思う人は、もう観察をやめている人です。

これはパーティーだけではありません。

何かしていて「あ、退屈になってきた」と思ったら、ここから先は勉強の場にしようというふうに頭を切りかえる。

そうすれば退屈なんて一切なくなります。

男女が交じっている異業種交流会などの席へ行きますと、美人に軽々と声をかけて、軽々と電話番号を聞いてしまう人がいます。

つい「なんだ、あいつ。ナンパなんかして」という嫌悪感を持ってしまう。そうではなくて、「うわあ、うまいこと電話番号を聞くな。どうやって聞くんだろう」と、その人から学ぼうとする姿勢を持つのです。

嫌悪感を持った時点で、あなたは何も学べなくなってしまうのです。

素晴らしい出会いのために③ パーティーでは、挨拶のお手本を探そう。

4 物に好奇心があって、人に好奇心がない人はいない。

披露宴でホテルに行った時、真っすぐ帰ってきていませんか？

お開きになった時に、どうしてみんな真っすぐに帰ってしまうのでしょう。

できて間もない新しいホテルなら、なおさらもったいない。

初めて行った場所なら、うろうろ見学していこうという気持ちが起こらないとつまらない。

これは名刺を渡すフットワークと同じです。

何度も行ったことがある場所でも、リニューアルされていることもあります。

レストランがあるとしたら、どんなところか外側からだけでもちょっとのぞいてみましょう。

今度また来てみようというキッカケにもなるのです。

ホテルの中のつくりはどうなっているんだろうかと見て回る。

これが好奇心です。

物には好奇心があっても、人間には好奇心がないという人はいません。

人間に好奇心がある人は、物にも好奇心があります。

場所にも好奇心があるのです。

新しい場所に行く機会があった時に、そのまま真っすぐ帰る人は、結局その人は人間にも興味が足りないのです。

新しいホテルなら客室のフロアで降りてしまってもいいです。

客室のフロアで降りると、時間帯によってはルームメイドの人が部屋を掃除しています。

その時に廊下を歩くと、部屋の中がどんな感じか、だいたい見えます。

ルームメイドの人とやりとりすることもできます。

手入れが終わった部屋なら「ちょっと見せていただいていいですか」と中を見せてもらうこともできるかもしれません。

これが人間との出会いです。

中尊寺ゆつこさんの披露宴にお台場にあるホテルグランパシフィックメリディアンに行った時、うろうろしてみました。

ホテルの中にオルゴールの小さな博物館があることを発見しました。

ホテルのパンフレットをもらったら、紹介が出ていたのです。

初めてのホテルに行ったのにパンフレットももらわないで帰ってしまう人がほとんどです。

人脈を広げ、人生を豊かにしたいならば、なんてもったいないことでしょう。

たとえばレストランに行ったら、そこのパンフレットなり、チラシなり、名刺形のショップカードなりを、必ずもらって帰ってください。

「昨日どこで食べたの？」と聞かれて、「いや、ごちそうされたからよくわからない」ではもったいない。

せっかくレストランに行ったのに、店の名前も覚えていない人がいます。

こういう人が人間を覚えられるわけがありません。

おいしくても、おいしくなくてもいいです。

いろいろなものに興味を持っていることが大事です。

パンフレットなり、名刺なり、お店のカードなり、営業時間や電話番号が書いてあるものは必ずあります。

それがどこに置いてあるかわからないこともあります。

その時は、「すみません、お店の名刺はありますか」と言えばいいのです。

このひと言が言えるかどうか、ここの差です。

結局お店の名前が覚えられない人は、そのひと言が言えないのです。

記憶力が悪いのではなく、ひと言が足りないのです。

お店の名前が憶えられないという人は、お店の人と言葉のやりとりも少ないです。

友達をつくれない人は、食事をしに行っても、お店の人とほとんど話しません。

友達がつくれる人は、トイレの場所を照れずに聞くことができる人です。

出会いを自分から求められない人は、できるだけ人に聞かないでトイレに行こうとしてしまいます。

せっかくトイレの場所を聞くというきっかけがあるわけです。

これはナンパと一緒です。

トイレの場所を聞けば、「はい、こちらでございます」と教えてもらえます。

「なんだ、あの人はトイレの場所も知らないのか」とは思われません。

せっかくコミュニケーションできるきっかけがあったのに、あの人は私を避けたと思われてしまいます。

従業員の人がいると、つい目をそらしてしまいがちです。

デパートへ買い物に行った時にも、「何かお探しですか」と聞かれると、さっと目をそらして、「いえ」と言ってしまいます。

人と会った時に目をそらす。

目をそらした瞬間に、出会いをパスしてしまっているのです。

素晴らしい出会いのために④　初対面の人と寄り道をして帰ろう。

5 質問をすることで、仲良くなれる。

寄り道をすることで、大人の友達は増えます。

そして、自分1人で行くのではなく、「こういうのあるけど、一緒に行ってみない？」と、寄り道に誰かを誘うことです。

真っすぐ帰るのではなく、一緒に結婚式に出ていた人に、「一緒に見学していきませんか？」と誘うのです。

オルゴールの小さな博物館へ入ってみると、「今説明が始まったところですから」と言われたので、「ちょうどグッドタイミング」と思いました。

そこでは、説明員の方が1時間に1回説明してくれているのです。

ところが、博物館の説明の最中なのに、みんななんてつまらない聞き方をしているんだろうか。

誰も何も説明員の人に質問しません。

こんなさみしいことはないです。

説明を一生懸命聞いていれば、自分なりの疑問が何か浮かぶはずです。

「ここはどうなんですか」と初歩的な質問をポンと投げかけると、説明員の人は、「それはこういうことなんですよ」とどんどん話してくれます。

説明員の人はその道のプロです。

説明員の人は好きでそれをやっているわけです。

オルゴールの博物館で、オルゴールについて説明したいことが無限にたくさんあります。

ただ、全部を語るわけにはいかないので、最大公約数的な説明をしています。

でも、何か尋ねられたら、「それはですね」と言って、せきを切ったように説明してくれます。

どんな内容でも、質問があれば、説明員の人も、1日9回、ただ同じ説明をしているだけではなくて、毎回毎回楽しくなるはずです。

でも、そこで、人と出会う機会がなかなかうまくつくれない人は、そういう時に遠慮して、説明をただ黙って聞いてしまいます。

「前へどうぞ」と言われても、結構離れた場所から、見ていたりします。

それは逆に説明してくれる人に対して失礼です。

説明員の人と仲良くなるぐらいでないといけません。

自分が今まで持っていたオルゴールに関する知識とつなげていく。

説明員の人からオルゴールの歴史を聞きました。

最後にオルゴールが蓄音機に変わっていくプロセスに感動しました。

1880年代にシリンダー型のオルゴールは最盛期を迎えます。

シリンダー型のオルゴールは、シリンダーが回転して、横にクシがあって、弾いていく構造です。

このタイプを作るのは手作業になり、しかも曲を変えることができません。

それがやがて円盤型に変わります。

円盤型にすると、円盤を入れかえることによって、何曲もバリエーションをつくることができます。

これがシリンダー型から円盤型に変わっていくプロセスです。

1920年代に電気蓄音機が世界に広まってオルゴールが主役を譲っていきます。

昔のオルゴールがすごいのは、オルゴールが当時の名演奏家の音楽を再現していることです。

実はオルゴールを支えていたのは、オルゴール職人の耳の録音技術だった。

円盤の中に、名演奏家と同じリズムや同じ呼吸で全部刻まれています。

演奏家がそれをチェックして、「これは私の演奏だ」と認めて、ちゃんと証明書もついているのです。

蓄音機ができるまでは、オルゴールが〝録音〟の機能を果たしていました。

1920年代に蓄音機ができてきた時のものが、一番最後のオルゴールとなりました。

昔の蓄音機には朝顔型のチューブがついています。

オルゴールにそれがついているのです。

蓄音機が出始めた時に、オルゴールが生き残るために、蓄音機と同じ朝顔型のチューブをつけました。

「それがオルゴールの最後の抵抗でした」という説明は、もうその人がオルゴールに感情移入していることがすごくわかりました。

あの説明はすばらしかった。

オルゴール博物館の入り口からだんだん時代順に説明が始まっています。

もっと静かなところだと、もっと良かった。

入り口に近いので、途中から入ってくる人がいると、ホテルはいくら静かでも、入り口の雑音が聞こえます。

オルゴールは小さいかすかな音だから、静かなところだともっといい。

入り口には、外国の遊園地でよく流れている音の大きな外用の手回しオルガンみたいなものを置くといい。

「ストリートパイプオルガンみたいなものが入り口にあってもよかったですね」と言ってみました。

「時代を追っていただきたいから」と言われて、なるほど、その気持ちもよくわかるなと思いました。

説明が終わった後、誘った人と一緒にいろいろ見ながら、いろんな話ができました。

私があまりいろいろ質問したので、説明員の人は説明が終わった後も私たちのところまで来て、また詳しく説明をしてくれました。

それは、私たちはコミュニケーションができる人だと思われたからです。

何にも聞かない人には寄ってきません。

その説明員の人はオルゴールが好きだから、オルゴールに興味を持ってくれた人にいろいろな話をしたいわけです。

それを見にきた多くの人は残念ながら、出会いとは受けとっていないのです。

でも、見にきた人はまだ積極的です。

せっかくホテルに来て、そういうものがあることが目に入ったとしても、そのまま帰ってしまう人も大勢います。

せっかく入ったのだから、そこに置かれた物と友達になるだけではなくて、そのモノを愛している人と話をしていくことです。

ひと言でもふた言でもいいのです。

そうすると、ますますその人とも友達になれるし、そのモノとも友達になれます。

どこかへ行った時は、真っすぐ帰らないことです。

ついでにどこかへ寄り道をして、しかも誰かを誘って動く。

それだけで、人生は変わってくるし、出会いもあります。

結局、私はその説明員の人と名刺交換までして、「また来ます。今度オルゴールの本を書きます」という話をしてきました。

以前、私は有名なオルゴールのメーカーであるリュージュのオルゴールについて、いろいろ説明を聞いたことがありました。

上高地帝国ホテルに行った時に、たまたま来ていたリュージュの人から、厚かましく図々しくいろいろ話を聞いたのです。

川島総支配人（当時）は大のオルゴールマニアです。

だから、その時も、「そういえば、上高地帝国ホテルでオルゴールメーカーのリュージュ社のオルゴールの話をいろいろ伺ったのです」「それと同じものがここにあります」「そう言えば、ホテルグランパシフィックメリディアンにリュージュのオルゴールが並べられるという話を聞いたことを思い出しました」と、話がつながってくるのです。

オルゴール博物館の説明員の人とお話ができたことも、今度きっとまた何かにつながっていきます。

そういうところには必ずビデオやミュージアムショップがあって、本も置いてあります。

「何冊かあるのですが、入門書としてどれを読んだらいいですか」と聞きました。

これが聞けない人は、どれがいいか、自分で一生懸命探します。

本屋さんに行くと、何としても自力で探そうとする人と、すぐ聞く人といます。

これは聞いたほうがいいのです。

本当の本屋さんなら「面倒くさいな、自分で探してほしいな」とは思いません。

本屋さんはモノを売っているのではなくて、お客さんとのやりとりを楽しみたいのです。

本当は「こういう本があって、これを読むといいですよ」と伝えたいのです。

その時も私は「ビデオがありますが、どれを見ればいいですか。何かこれが直観的に面白そうですけど」と聞きました。

そうすると、「この本は、実はここの館長さんが書いていて、その人は目白にオルゴール博物館を開いています。そこは予約制で1日定員15人まで受け付けています」と話してくれました。

今度はその人に会いに行こうと思うわけです。

わざわざ目白に出かけていくというのではなくて、何かのついでがあった時に思い出せればいいのです。

目白にそういうのがあった、電話をかけて予約できたらすぐ行ってみよう、というふうに、次のきっかけになるわけです。

寄り道から出会いが生まれます。

そして、人と知り合うことは、次の寄り道を生んでいくことになります。

近くまで行った時に、ここには何かあったとか、そういえば誰々さんのところへ連絡して会いに行ってみようと思えるのです。

いきなり行って、「近くまで来たので寄ってみました」と顔を出してみてもいいのです。

連鎖反応で、出会いはどんどん生まれてきます。

これがプツッと切れる人がいます。

次へのつながりのきっかけがあるのに、出会いがないと言っている人がいます。

出会いがない人は、いろいろなキッカケがあるのに、それを全部捨てているのです。

一からきっかけをつくるのは大変です。

今あるチャンスをどんどんたぐっていけば、これほど楽しいことはありません。

出会いがないという人は、ないのではないのです。

出会いを全部捨てているのです。

ここには何かないだろうか、あそこには何かないだろうかと、一から新しいものを探してしまいます。

でも本当の出会いのきっかけは、もうすでにあなたのまわりにあるのです。

それを「これをやってみよう」と一歩踏み出すだけでいいのです。

素晴らしい出会いのために 5 何か1つ質問をしよう。

6　ごちそうになることで、仲良くなれる。

レストランなどへ行くと、よくレジのところでレシートの奪いあいをする光景を目にします。

「ここは私が……」「いえ、そんなことをされては困ります。ここは私が……」というやりとりです。

接待する側と接待をされる側が決まっている場合はいいのです。

が、対等な関係の時、日本人はつきあい方がヘタです。

対等になった時の支払いの仕方がわからないのです。

お得意先だったら、今日は自分がごちそうする番だし、会社代表として経費が出るから大丈夫と言うと、相手も経費で払ってもらう接待だからと気軽にごちそうになります。

ところが、つきあいがヘタな人は友達同士で行く時にどうしていいかわからなくなるのです。

大人が、割り勘をしていると、友達は増えません。

かといって、おごられるのはちょっと抵抗があると、見栄を張ると、やっぱり友達ができません。

「ここは私が……」という支払い合戦ほどみっともない光景はないのです。

これは男性だけではありません。

昼間、ランチを食べているマダムも「そんなことをされては困ります、奥様」というやりとりを延々とレジの前でしています。

こういう人は、友達をつくるのが不器用な人です。

友達同士で飲みに行って、「ここは私がごちそうしますから」と言われたら、気持ちよくごちそうになる度量を持つことです。

支払い合戦をやるよりは、別の気のきかせ方を考えるのです。

「この後、次に行く店を押さえておこう」と考えるのです。

そういう人が、友達づくりのうまい人です。

六本木に行くと、よく大学生が店の外へたまって、2次会の行き先を決めかねて「どうする、どうする」と言っていたり、結婚式の2次会で礼服を着て引き出物を持った人たちが「どうする、どうする」と言っている光景を見ます。

そういう人たちは友達づくりがヘタな人です。

そういう時に、「次はどこどこの店を押さえたから行こう」と言って、引っ張っていく人が友達づくりの上手な人です。

ここが大事なのです。

接待をする時に、「ここは私が」合戦をするのではなく、次に必要なことは何かを考えるのです。

たとえばタクシーをつかまえることも同じです。

いくらごちそうしても、そのあとのタクシーの手配のダンドリが悪ければいい印象は残りません。

「ここは私が払います」というのは、ひとりよがりな見栄にすぎません。

次の2次会の店を押さえても、一見誰も評価してくれません。

でも、２次会の場所を探すことは、人数の予測も難しいし、大変な作業なのです。

簡単にお店をとれたような気がしますが、そう簡単にはとれないのです。

人数はわからないし、何分後に始まるのかもわからない。

でもその段取りをしておく。

一番評価されていいことだけれども、なかなか目立たないことなのです。

でも、見る人はちゃんと見ています。

あの人と飲みに行くと、「ここは私が」合戦も、「どうする、どうする」合戦もない。

その後はスムーズに2次会に流れて、帰りはタクシーもちゃんと呼んである。

だから、「あの人とまた行こう」となるのです。

いざ店の外へ出たら、飲んでいる時間より長かった——などということがよくあります。

「ここは私が」合戦や「どうする、どうする」合戦をやっているうちに、時間がどんどんたってしまうのです。

これほどつまらないことはありません。

さっさと動けばいいのです。

「じゃ、次はここへ行こう」と言えることが、リーダーシップです。

友達をつくることができる人は、次への行動力があり、リードしていける人です。

中途半端な見栄を張らないことです。

見栄を張ることと、リードすることは違います。

見栄を張るというのは、実は受け身の姿勢なのです。

こういうふうに見られたいという受け身の姿勢になってしまっては、友達づくりはできません。

素晴らしい出会いのために 6 支払い合戦よりも、2次会の場所を手配しよう。

7 タクシーの運転手さんに、地図を渡すタイミングを知る。

タクシーの運転手さんに場所を説明するのを見れば、その人は友達づくりが上手かヘタかがわかります。

たとえば、あるお店に行きたいけれども、タクシーの運転手さんがそのお店を知らなかったとします。

あなたは事前にそのお店の地図をＦＡＸでもらっています。

この地図をタクシーの運転手さんに渡すタイミングのうまい人とヘタな人がいます。

運転手さんへの地図の渡し方で、その人の人づきあいの仕方がわかります。

いつ渡してもいいのではないのです。

「運転手さん、地図がありますから」と言って、「じゃ、地図を見せてください」と言われてすぐ地図を渡すようではいけません。

たとえば、交通量の多い交差点に入ったところで渡したらどうでしょう。

グングン飛ばしている高速道路で地図を渡したら事故になります。

お客さんから地図を渡されたら、運転手さんは受け取らざるを得ません。

「ちょっと待ってください」とは言えないのです。

お客さんは自分の都合だけで地図を渡してはいけないのです。

今地図を渡されても相手は受け取りにくいなということを、把握できないといけません。

前方を見たら、タクシーが次の信号でとまるというのはわかるはずです。

その信号でとまったところで渡せばいいのです。

実は、タクシーの運転手さんはとても忙しいのです。

時々メーターを倒すのを忘れて走る運転手さんもいますが、あれは運転手さんのせいではありません。

乗った側の気くばりが足りなかったのです。

早く発進しなければいけないような面倒なところでタクシーをとめさせてしまったからなのです。

運転免許を持っている人でも、こんなところでタクシーをとめてはいけないだろうという場所で平気でとめさせる人がいます。

タクシーは、交差点のど真ん中ではとめにくいのです。

法律で禁止されているだけではありません。

交差点でとめると危ないから、乗る側が気をつけなければならないのです。

車の流れが難しく微妙な交差点で手を挙げている人がいますが、これは乗る人のマナー違反です。

わざわざ交差点から離れてタクシーを待っていたのに、その人の上流に立って、平気でとめる人もいます。

その人は、タクシーをとめる時だけでなく、日常生活で人と接する時にも、同じことをしています。

相手が今受け取ることができない時に何かを渡そうとしている人です。

タクシーに乗る時だけたまたまやった行為ではないのです。

日常生活の中でも面倒な時に地図を渡してしまい、相手に迷惑をかけてしまう。そのくせ「自分は好意でやっているのに」と、自分のやっていることに気づいていないのです。

ギスギスした関係になってしまうことを日常生活の中でついやってしまっているのです。

今度から、タクシーの運転手さんに地図を渡す時、いつ渡せばいいのか少し気をつけてみてください。

今渡してはいけないというタイミングが必ずあるはずです。

「地図がありますから、次の信号でとまった時にお渡しします」と言えばいいのです。

これが相手に対する思いやりです。

素晴らしい出会いのために 7 交差点で、タクシーをとめない。

8 使おうとするのではなく、使われようとする。

出会いは、利用するためにあるのではありません。

友達づきあいをする時、人脈をつくる時、名刺交換をする時、人間は何を考えているのでしょうか。

たとえばある勉強会へ行ったとします。

勉強会へ行けば、ビジネスに利用できるかもしれないという発想をする人は、友達ができません。

商売の契約を取るとか、お得意様になっていただくという気持ちで人の集まるところに行ったのでは、相手に逃げられてしまうのです。

人との出会いをする時は、「どうやって相手の役に立てるか」を考える。

「相手に自分を利用していただけるか」と発想するのです。

すべての人間関係で自分を中心に考えた場合、普通は自分のメリットばかり考えてしまいます。

上司と部下という関係も1つの人間関係です。

お客様と店員さんも人間関係です。

「相手をどうやって自分に役立てるか」という発想を切りかえましょう。

「相手を利用しよう」と考えるのではなくて、「どうしたら相手に自分を利用していただけるか」と考えるのです。

「相手をどう使うか」ではなくて、「どのように相手に使っていただくか」を考えるのです。

これが人間関係の基本です。

どうしたら相手に対して優位に立てるか、親分になれるかということを考えてはいけないのです。

そういう人は、親分にはなれません。

この人のために「どうしたら手助けしてあげることができるか」「どうやって相手

のしもべになるか」と考える人が、最終的には親分になれるのです。

みんなのバックアップをする人が全体のリーダーになっていけるのです。

「どうやって相手を使おう」「言うことを聞かせようか」「命令を聞かせようか」とばかり考えている人は、リーダーにはなれません。

まわりの人から一番こき使われる人がリーダーです。

リーダーというと、命令している人のような気がしますが、これは勘違いです。

人間は、自分に命令してくる人、何かを求めてくる人に対して友達づきあいはできません。

相手にとって使いやすい人間になることです。

たとえば、連絡しやすい人間になることです。

相手を動かすのではなく、自分が動くことです。

名刺を渡す時は手で渡すのではなく、相手に近づいて足で渡すというのと同じです。

相手を動かすのではなく、自分が動かされる人になることです。

どうしたら人に動かされるようになるか考えてください。

人脈というのは利用するのではなく、利用されることが人脈だということです。

素晴らしい出会いのために 8 利用するのではなく、利用されよう。

9

10の理由よりも、0.1の理由が人を仲良くさせる。

よく「貸してください」というやりとりをすることがあります。

が、これで一番友達をなくします。

なぜかというと、貸したものは、たいてい返ってこないからです。

貸したのに返ってこない代表に、傘とアダルトビデオがあります。

借りたまま忘れてしまっているか、又貸ししてしまっているのです。

たとえば、昔の早明戦を録った貴重なラグビーのビデオが、借りている人にとっては大して重要でなかったりします。

「あれ、借りてたっけ」のひと言で、自分と、自分の趣味を軽く見られたような気がして、がっかりしてしまうことがあります。

平静をよそおっていますが、「まさかなくなっていないだろうな」と貸した本人はとても心配していることが多いのです。

貸したまま返ってこない最たるものに、お金があります。

お金というのは、借りた側は往々にして忘れるけれども、貸した側は永遠に忘れません。

往々にしてすべての人間が、自分はあいつには貸しがあると思っています。

本当は、プラスマイナスゼロのはずですが、すべての人間が貸しがあると思っているので、全体の帳尻が合わないのです。

「貸して」と言われて、「貸さない」と言うと、友達関係はギクシャクします。

「貸して」と言われたら、差し上げてしまう。

「貸して」と言われたら、プレゼントのチャンスだと思う。

何か理由がないと、プレゼントというのはなかなかできません。

理由もないのにプレゼントをあげると、何か裏があるのではないかと勘ぐられます。

「貸して」

「じゃ、これよかったらお持ちください」

「いつ返しましょう？」

「差し上げますからいいですよ、まだほかにもありますから」

「貸して」と言われたものは相手が求めているものです。

プレゼントを渡す口実がなかなかない時には、こんないいチャンスはありません。

「貸して」と言われたら、どんどん差し上げましょう。

それで相手が抵抗を感じるようでは、あげるほうがプレッシャーをかけてしまっているのです。

プレゼントをもらったら抵抗を感じる場合があります。

抵抗を感じるのは差し上げ方が悪いのです。

恩着せがましかったり、迷ったりしているからです。

よほど大事なものなのかもしれないと思わせてしまっているのです。

妙におおげさにあげたりすると、プレッシャーになります。

たとえば資料を「コピーするから貸して」と言われたら、「コピーしたのを差し上げます」という作業を引き受けるのです。

そうすれば、そのオリジナルがなくなることもありません。

「コピーするからオリジナルを貸して」と言って、オリジナルがどこかへ行ってしまうと困りますが、それが原因で友達関係がぎくしゃくしてしまうほうがもっと困ります。

大事な資料をなくせば相手も心苦しく思うのです。

相手が心苦しく思うと距離ができてしまいます。

自分としては気持ちのケリはついても、相手にしこりが残ってしまってはダメです。

プレゼントするチャンスを見つけたら、プレゼントする。

プレゼントするチャンスをみすみす逃しながら、理由が見つからない時にプレゼントしてしまうから、ぎこちなくなるのです。

理由のないプレゼントを受け取るのは恐い。

でも、プレゼントは、ちょっとした理由があればいいのです。

理由が10もある必要はありません。

10の理由があるというのも逆に、怖いです。

1すらなくてもいいのです。

プレゼントというのは、0.1の理由があればいいのです。

ゼロではダメです。

理由ゼロのプレゼントは怖くて受け取れません。

こんなものをいきなり届けられても受け取りようがない、何か裏があるに違いないと思ってしまいます。

善良な人でも裏があるのではないかと心配してしまいます。

相手が受け取りやすいようにするためには、0.1のプレゼントの理由を考えることです。

プレゼントがヘタな人は、お誕生日とか、クリスマスとか、バレンタインとか、そういう口実のある時にしかプレゼントができないのです。

男女関係でもそうです。

なかなか異性の友達ができない人は、「誕生日にプレゼントをあげたいんですけれども……」と言うまでに時間がたってしまうからです。

「先月終わったばかりだから」と言われて、来年までまた11カ月間待たなくてはいけないようになってしまうのです。
そうすると行動力がなくなります。
0.1の理由の小さなプレゼントで、人間関係を一番コツコツつくっていけるのです。

素晴らしい出会いのために 9 貸してと言われたら、プレゼントしよう。

第2章

出会いを大事にする名刺とのつきあい方。

10 名刺は手で渡してはいけない。名刺は足で渡す。

ビジネスマンの名刺の出し方を見ると、その人がどれぐらい大人の友達がいるかがわかります。


あなたは名刺をどうやって渡していますか？

たとえば近くにいる人と名刺を交換するとします。

普通は「ああ、どうも」と言って、幅の狭いテーブルだったらテーブルを挟んで名刺を渡してしまいます。

もうその時点でその人はダメです。

名刺を手渡してしまっているからです。

名刺は手で渡してはいけません。

名刺は足で渡すのです。

小さいテーブルでもテーブルを挟んだまま名刺を渡さない。

大きいテーブルの時は相手のそばまで行くのに、足を使います。

テーブルが小さいとつい、「あっ、すみません」と手を伸ばして渡してしまいます。

間に人がいたり、いすがあって通れないこともあるでしょう。

その時でも、立っている位置から渡すのではなくて、「よろしくお願いします」と言って、歩いていって渡すことが大事です。

ビジネスマンは１日に何枚も名刺を交換します。

まわりの人がどういうふうに名刺を渡しているか、ちょっと意識して見てみてください。

テーブルを挟んで、「ああ、どうもすみません」と手を伸ばして渡している人は、名刺を手で渡してしまっています。

名刺交換は名刺をやりとりしているだけではありません。

握手も同じです。

「あっ、どうも」と言って握手する時に、向こうから相手が来て握手している人と、自分から歩いていって握手している人では差が出てきます。

たとえばちょっと離れたところに知り合いの人を見つけたとします。

遠くから「あっ、こんにちは」と言った後、どちらが近づいていくかです。

近づいていく人になりましょう。

これが〝足を使う〟ということです。

コミュニケーションをつい口や手だけでやってしまう人は、友達を増やすことはできません。

人脈は必ず足でつくっていかないといけません。

パーティーで会ったとします。

「あっ、こんにちは」

その間はわずか10メートルだった。

その後、あなたがそちらへ向かって行っているか、相手があなたのほうへ向かっているか。

この10メートルの差で、友達ができる人とできない人に分かれます。

たとえばタクシーで30分ぐらいの距離の人がいる。

あなたが行く側の人間になっているか、相手があなたのほうへ来てくれる側になっているかは、もう差として出てしまいます。

10メートルの距離を、「あっ、こんにちは」と言って歩いていけない人は、必ずじっと待ってしまっています。

名刺でもパーティーでもタクシーでも相手が来るのを待ってしまっています。

これが出会いをつくっていく上で積極性の差になってしまいます。

今までそんなことをやっていないか、振り返ってみてください。

もっとひどい人になると、座ったままで名刺を渡しているのです。

これは外国人では考えられません。

外国人は必ず立ちます。

日本人はそもそも腰の筋力が弱い。

パーティーに行くと、必ず座ってしまいます。

外国人も座りますから、座っていてもかまいません。

でも、外国人は、人が近づいてきたら、すぐに立って動きます。

そして、相手に近寄っていくのがとても早いです。

日本人は、座ったまま、相手が近寄ってくるのをつい待ってしまいます。

これはそもそも日本人がいけないのではなくて、なんとなく動かない人が日本人に多いだけです。

自分を振り返った時にそういうことをしていませんか？

名刺がなくても同じです。

名刺を持っていない人のほうが、世の中には多いのです。

名刺のあるなしにかかわらず、挨拶をする時は、相手に近づく気持ちが大切です。

ひょっとしたら、相手があなたに気がついていないこともあります。

「相手が気がついたら挨拶しよう」となってしまうのです。

それではチャンスはつかめません。

サッカーで言うと、どれだけロングパスができるかです。

遠くにいる人に向かって、「こんにちは」と声をかけるのは、恥ずかしいからしないということではいけません。

出会いというのは、照れ臭いものです。

恥ずかしいと思った時点で、出会いから離れていきます。

声をかけるのは、恥ずかしいことでも何でもありません。

たしかに人違いをしてしまう照れ臭さはあります。

パーティーに行くと、たぶんあの人だと思う。

ついちょっと自信がないから、向こうから声をかけてくれたら挨拶しようとしてしまいます。

この瞬間にもう出会いのチャンスをなくしてしまっています。

間違ってもかまわないのです。

「こんにちは。この間はどうも」とまず言って、人違いとわかったら、「初めまして、中谷彰宏です」と挨拶をして知り合うこともできます。

なんでもいいのです。

すべてのものを出会いに結びつけていく基本は、自分から足を運んでいくということです。

人間にまず興味を持たないとダメです。

人間に興味を持っている人は、人間がいたら、人間に近づいていきます。

人間に興味のない人は、ほとんど人間を見ていません。

人間に興味のない人は、人間が景色にしか見えていないのです。

素晴らしい出会いのために 10 歩み寄って、名刺を渡そう。

11 どんなに遠くても会いに行く。

あなたの友達が北海道に住んでいるとします。

あなたが東京に住んでいるとしたら、あなたの意識の中では「2時間の距離」と考えるかどうか。

確かに、飛行機を使えば、たった2時間で会えるのです。

ところがもし年に1回しか会わないと考えてしまったら、その人は、あなたにとって「1年間の距離」の人となってしまいます。

つまり、あなたが自分で動いていける人かどうかによるということです。

決して向こうから来ることを期待してはいけないということです。

たとえ相手が反対方向に移動していたとしても、自分が追いかけていけば必ず追いつくはずです。

相手があなたから離れていくとしても、その人はもう離れていくからダメだとあきらめてしまわないことです。

相手よりも速いスピードで動けば、どこかで必ず追いつきます。

人間が動けば、必ず出会いが生まれます。

まず動いてみてください。

素晴らしい出会いのために 11 自分で動いていける人になろう。

12 名刺を捨てれば、友達ができる。

「名刺の整理をどのようにすればいいですか？」という質問をよく受けます。

先日もＰＲの仕事をされている方から相談を受けました。

その方は年中イベントをしているので、イベントでは、名刺交換が仕事のようなものです。

１回パーティーをすると、受け取る名刺は２００枚、３００枚にもなります。

名刺を最大限に活かすためには、要らない名刺を捨てることです。

これはなかなかできません。

「名刺命」になってしまいがちです。

名刺交換をしても、自分の名刺は捨てられるのかとヒヤヒヤするかもしれませんが、名刺はしょせん名刺と割り切ることです。

捨てていいのです。

大事なのは、その先にあることです。

「名刺命」になる人は、その先にあることをいい加減にしている人です。

相手の人間そのものよりも、名刺のほうが大事になっているのです。

偉い人からもらった名刺をいつまでも名刺入れに入れて持ち歩いているようではダメです。

名刺をもらったら、何でもいいから、行動を起こしましょう。

必ずお礼状を書く、連絡をする、メッセージを送るのです。

そうすれば、きっと何か相手から返事が来ます。

連絡が来なくても、自分の書いたものが相手に残ります。

それでいいのです。

もらった名刺を後生大事に名刺入れの中に入れて持ち歩いていたとしても、その後のつながりは何も起こりません。

人間は、名刺を捨てる前に「これは何とかしなくては。ここで捨ててしまったらもす。

う連絡先がわからなくなる」と思ってしまう。

だからこそ、捨てるのです。

わからなくなるから手紙を書こう、今連絡してみようという気持ちが生まれるので

名刺というのは、『スパイ大作戦』の指令テープのように自動的に消えるものが一番いいのです。

自動的に消えない素材でできていたら、自分で消せばいいのです。

もらった名刺は1日しかもたない。

次のアクションを起こすために名刺というものがあるのです。

何か次のアクションを起こさなければ、名刺の意味がないのです。

次のアクションとして、たとえば相手に「ありがとうございました」という手紙を出します。

手紙を出せば、あなたの住所や連絡先を必ず書くはずです。

いくらあなたが相手の名刺を持っていたとしても、相手から連絡のあることはめったにありません。

自分から連絡しないとダメです。

相手の名刺を持っていても電話がかかってくることはあり得ません。

相手に渡した名刺のことはもう忘れなければいけません。

こういう話をすると、「人からいただいた名刺を捨てるなんて不謹慎だ」という人がいます。

名刺を捨てることは不謹慎ではありません。

捨てるということは、それだけ大事にするということなのです。

私は小心者ですから、いただいた名刺をいきなり捨てることはできないので、まずコピーを取ります。

コピーを取って、名刺を1つの情報に置きかえます。

立派な名刺があると、どうしても捨てられません。

たとえばA4の紙に10枚並べれば、10枚取れます。

コピーしておくと少し気持ちが楽になり、捨てやすくなります。

名刺は一情報にすぎないのです。

大事なのはその先に存在する人間です。

あなたが相手の名刺を捨てたら、自分の名刺も捨てられていると考えましょう。

あなたが相手に渡した名刺がいつまでも活きていると思ってはいけません。

捨てられて当たり前なのです。

残っていたら御《おん》の字です。

物持ちのいい人がいて、その人の名刺入れの中に大事に名刺をとってもらっていたとしても、「これは誰だっけ?」という人の名刺が必ずあるのです。

「誰だっけ?」と思いながら、毎年年賀状の交換をしている人もいるのですが、それでは意味がありません。

「誰だっけ?」と思うぐらいだったら、自分でアクションを起こすことです。

1回名刺を渡したから相手はもう覚えているだろうと思い込んでしまってはいけません。

たくさん名刺を交換する中で相手に覚えてもらうためには、手紙の1通も出し、電話の1本もかけなければダメなのです。

そういう細かい小さなかかわり合いの中で、人間というのは初めて覚えていくわけです。

相手に自分のことを覚えてもらっているという前提に立ってしまうと、FAXを送る時、あなたは自分の名前しか書かず、電話番号も、FAX番号も、住所も何も書かなくなります。

相手は、せっかくあなたにコンタクトしようと思ってもあなたにFAXできないのです。

それをわざわざ相手に「自分は名刺を渡しているはずだから、名刺入れで調べてくれ」というのは傲慢です。

私は、いつも自分の名刺は捨てられているものと思っています。

自分の名刺はもう相手の手元に残っていないという姿勢でいれば、相手に対して常に電話番号をちゃんと入れておく。

「先日お会いしました○○です」「こういう話が面白かったです」というひと言を入れれば、お礼状の1本を書くにしても話が具体的になる。

相手にこの話をした人だなと思い出してもらえるのです。

ところが、名刺は絶対捨てないという人は、相手も必ず自分の名刺を持っているはずだという思い込みを持ってしまうのです。

名刺を大事にするあまり、逆に人間関係をつくっていくことができなくなってしまうのです。

今日家へ帰ったら、山のようにたまっている名刺、輪ゴムでとまっていて整理のしていない名刺を整理してみてください。

「これ誰だっけ？」とわからなくなっている人の名刺は、思い切って捨ててください。

一気に捨てられない人は、捨てる前にコピーを取って、オリジナルを捨てる。

そうすると、今まであなたが名刺というものに対していかに負けていたかわかります。

人間と人間の出会いを妨げるのは、実は名刺です。

あんなちっぽけな紙で友達づくりを妨げられてはもったいない。

心配しなくても、1年たつと部署が変わってしまって、その名刺が役に立たなくなっていることが多いのです。

そのうち気が向いたら連絡しようと思っても、今返事を出さないと、その名刺は明日には役に立たなくなっています。

そんなもので友達づくりをジャマされてはいけません。

名刺は、後生大事に持ち続けてはいけません。

初取引の会社や初対面の部署の人にまとめて会って「どうも初めまして」と言うと、日本人は名刺交換のセレモニーがやけに長いので、同じ会社の人のものが10枚ぐらい平気でたまります。

今までは、私は1枚だけ名刺のコピーを取って、あとは並びで名前をメモして、ファイルしていました。

ところが、最近は電子メールのアドレスが名刺に加わりました。

電子メールのアドレスの字は細かいので、手書きで書くと、アンダーバーなのかハイフンなのかわからなくてミスすることがあるので、アドレスのところだけハサミで切っておきます。

これがまた1つの境目です。

ぜひ名刺をハサミで切ってみてください。

そうすることで、あなたは名刺というものに対して屈服している自分の気持ちを乗り越えることができるのです。

素晴らしい出会いのために 12

名刺を捨てよう。

13 友達の多い人ほど、名刺入れがきれいで薄い。

あなたの名刺入れは、きれいですか？

友達のできない人は、名刺入れがとても汚れています。

名刺交換の時に、男性は名刺のほうを見ますが、女性は名刺よりも名刺入れをよく見ています。

それが高級ブランドかどうかということよりも、その名刺入れがくたびれていないかどうかを見ているのです。

名刺入れがくたびれていると、それだけ名刺を出す機会が多く、人脈が広くて、コネがたくさんあって、というふうに解釈されるでしょうか。

決してそうではありません。

日本では、アメリカのビジネスカードとは違って名刺はかなり重い意味がありま
す。
名刺にはスピリッツがあり、魂が宿っています。
その人の人格が宿っているものです。
名刺を受け取る時には、どうしても頭が下がってしまう。
それが当たり前です。
魂なのですからそれくらいの扱い方をしてもいいのです。
魂を相手の方に差し上げる時に、その名刺入れがヨレヨレになっていて、はたして
いいんだろうか。
まず、今、自分の名刺入れがきれいな状態にあるかどうかを見てください。
女性だけではなくて、ちゃんとした人はそういうところを見ています。
名刺入れはただの入れ物ではないのです。
人に見られて恥ずかしくない名刺入れですか？
人脈の広い人のほうが、薄い名刺入れを使っています。
直観的に考えると、何か逆のような気がします。

出会いの多い人のほうが名刺がたくさん要るから、たくさん入る大きい名刺入れにするような気がします。

現実には、たくさん入る名刺入れを使っている人は、出会いの少ない人です。

名刺をたくさん集めるのが好きという人は、名刺入れが分厚いとそれだけで満足してしまうのです。

特に偉い人から名刺をもらうと、ずっと中に入れていたりします。

でも、名刺入れに名刺が入っている間は、何も事が運ばないのです。

いつまでももらった名刺が名刺入れに入っているということは、次のアクションを起こしていないということです。

いただいた名刺を捨てていくくらいの気持ちがないと、その名刺を持っていることだけで満足してしまう。

人の前で分厚い名刺入れを出して、「おれはこんなにいろんな人に会っているんだぞ」というような勘違いの自己満足に陥っていてはいけません。

もっとひどい人になると、財布と一体化してお尻に入っています。

相手の人からいただいた名刺をそのままお尻に入れてしまうわけです。

名刺は魂ですから、相手の魂の上に座って失礼なのと同じです。

素晴らしい出会いのために⑬ 今日もらった名刺は、今日整理しよう。

14 友達の多い人ほど、名刺入れからさっと出す。

その人がどれくらい人との出会いの回数が多いか、名刺を出すスピードでわかります。


相手が胸のポケットに手を入れた瞬間に、さっと相手より先に出せるかどうか。

これでだいたい友達の多い人かどうかがわかります。

分厚い名刺入れからゴチャゴチャになった名刺をまとめて出して、「えーっと……」と指をなめながら探している人がいます。

指をなめながら出された名刺を女性がどんな気持ちで受け取っているかわからないのです。

名刺入れの中で、いただいた名刺と自分の名刺がゴチャゴチャになっているのです。

「まだ、あったかなあ」と言って探したりします。

そういう人の名刺入れは、たいてい分厚くて、パンパンに入っています。

パンパンに入っているから、名刺入れはすり切れていく。

どうしてパンパンになるまでに至ってしまうかということを考えなければいけません。

それは、昨日の名刺がまだそのまま入っているからです。

自分の名刺入れを、出して見てください。

昨日受け取った名刺が、まだ中に入ったままになっていませんか？

せっかくいただいた名刺をほったらかしにしてありませんか？

その日のうちにまた何か次の行動をしなければいけません。

昨日入れた状態のまま残っているということは、おかしいのです。

名刺入れが薄い人は、昨日いただいた名刺が入れたままにはなっていないということです。

薄い名刺入れの人は、出会いが少ないわけではない。

ちょっとの間の時間があったら、受け取った名刺に対して次のアクションを起こしているのです。

そのためにどんどん整理して、次の新しい名刺を入れているのです。

だから今、自分の名刺入れに自分の名刺が何枚入っているか、ちゃんと把握しています。

また、把握できていないとおかしいのです。

「えトっと、まだ残りがあったかな?」と迷うようではいけません。

今、あなたの名刺入れに、あなたの名刺は何枚入っていますか?

サラリーマンにとって、社会生活を営む日本人にとって、名刺というのは銃の弾《たま》と同じです。

出し遅れたら、負けです。

自分より目上の人から先に名刺を出されたら、それは失礼です。

切らしてしまったら、これが戦場だったら死んでしまいます。

残りの弾がいくつあるか、戦場に生きている人間は常に把握しています。

アクション映画をよく見てください。

ぼんやり見すごさないことです。

プロは空き時間があったら、すぐ陰に隠れて必ず弾を詰めています。

ここがプロとしてカッコいいところです。

このシーンがあるのが、リアリティーのあるアクション映画です。

二流のアクション映画は、弾をこめる場面を描かずに、バンバン撃ち続けます。

相手が先にポケットに手を入れても、相手よりも早く名刺を出す。

いただいた名刺と混じっていたら、出せません。

時々、もらったはずの名刺のないことがあります。

ということは、誰かに渡してしまっているのです。

これは、パーティーでしばしばしてしまう失敗です。

「この人、誰だっけ？」という人の名刺があります。

その人には会っていないのに、誰かが受け取った名刺を受け取ってしまったのです。

自分の名刺といただいた名刺が混じるのは、心臓でいえば、入ってきた血液と出ていく血液が混ざっている状態です。

こんな危険なことはありません。

たとえ暗闇であっても、さっと出した時に、自分の名刺が必ず出て、いただいた名刺が出ていく状態にならないようにしておくことです。

手品をやれと言っているのではありません。

名刺入れに気をとられていては、相手の顔を見ることができないのです。

握手をすることができない、挨拶をすることができないのです。

相手は目の前だけにいるわけではない。

その向こうにも知り合いがいるかもしれない。

そういう時に余裕を持って対応ができないといけないのです。


素晴らしい出会いのために⑭ 自分の名刺ともらった名刺が混ざらないようにしよう。

15 友達の多い人ほど、名刺は何度でも出す。

人脈を広げられない人は、「名刺を1枚出したら、終わり」だと考えています。

このあいだ、素晴らしい人に会いました。

「前にも名刺を差し上げたと思いますけれども」と言って、名前を名乗りながら名刺を出されました。

「あっ、いただいております」と言いますと、「いやいや、名刺は3枚まで出さないとダメです」と言われるのです。

それが、その人の主義です。

この人には名刺を渡したかどうか、自分の出した名刺というのはだいたいみんな覚えています。

ところが、**受け取ったほうは、必ず覚えているとはかぎらないのです。**

また、悪気はないんだけれど、どこにいったかわからなくなってしまって「困ったな」と思っているかもしれない。

受け取るほうが、「すみません。もう1枚下さい」とはなかなか言いにくいものです。

それに、最近は電子メールアドレスつきの名刺にかえた人も多いでしょうから、昔からの知り合いの人にも、電子メールアドレスつき名刺をどんどん渡したほうがいいのです。

カルチュア・コンビニエンス・クラブの増田宗昭社長にお会いしましたら、挨拶が実にさわやかでした。

「あっ、どうもごぶさたしています。増田です」

普通の人は、「あっ、ごぶさたしています」で終わりです。

会長になっている人が、わざわざ自分の名前を名乗られたのです。

こういうことが大事です。

名刺を3枚でやめる必要はまったくないのです。

会うたび謙虚に名刺を渡す。

渡し過ぎで相手が困ることはありません。

1回渡した名刺で、それで覚えてもらっているという思い込みが、実はチャンスをなくしているのです。

相手は、「あっ、この人誰だっけ」と思っても今さら聞けないのです。

挨拶をする時に、さわやかに自分の名前も添えたら、相手が困らない。

それで覚えていてもらえるのです。

素晴らしい出会いのために⑮　名刺は、最低3度まで渡そう。

16 友達の多い人ほど、名刺のない人に名刺を渡す。

ある市役所でアルバイトをしている方からお手紙をいただきました。

新年になりますと、ご挨拶に来た人が机の上に名刺を置いていきますから、上司の机の上は名刺の山になっています。

そのまま見もせずに全部ごみ箱に捨てられています。

再生紙どころの問題ではありません。

全部ムダな資源になっているのです。

その人はアルバイトです。

だから、その人の机には誰も名刺を置いていかない。

その中で、「いつもご苦労様です」と言って、名刺を渡してくれた人がいた。

感謝したという話です。

その人はアルバイトだから名刺なんか持っていません。

でも実際に一番仕事をしている人です。

名刺のない人が名刺をもらったら、もらう機会が少ないぶんだけよく覚えています。

相手が名刺を出したから自分も出すという人が多いのです。

そういう人は、名刺を持っていない人には、自分から名刺を出しません。

どれだけ、バックヤードにいる人に、感謝できるかということです。

バックヤードに気が回るというのは、きっと、全体の仕事が俯瞰《ふかん》してみえている証拠です。

きちんと仕事ができている証拠です。

たとえ相手が名刺を出さなくても、名刺を持っていない人にも、名刺を出さないといけません。

たったこれだけの話です。

でも、意外にそういうところで勝負がついています。

それくらい名刺というのは恐ろしいものなのです。

素晴らしい出会いのために16　名刺を持っていない人にこそ、名刺を渡そう。

第3章

思いやりを持てる人、持てない人。

17 いい人になりたいのか、ほめられたいのか。

いい人は、まわりの人から好かれるような思い込みがあります。

でも、実は違います。

いい人ほど嫌われます。

いい人になることはいいことです。

でもいい人になって、もし嫌われることがあるとしたら、それでもあなたはいい人になりたいと思いますか?

本当にいい人になりたいのか、それとも本当はほめられることを望むのか、どちらかなのです。

私たちは、悪口を言われないために一生懸命いい人になろうと思っています。

すると、「あの人は誰にでもいい顔をするのよね」と言われます。

どんないい人でも悪口の材料にならないことはありません。

悪口を言われないように振る舞うことは不可能です。

人にほめられるためにとか、悪口を言われないためにいい人になろうと思ったら、その人は必ずつらくなっていきます。

自分の気持ちが続かなくなるのです。

いい人になるか、いい人にならないかは、あなたが選択すればいいのです。

「いい人になったのに、どうしてほめられないのか」と考えてはいけません。

たとえば、会社の中で、ゆっくりやればできるんだけれども、いつも仕事の遅い人がいるとします。

チームワークで仕事をしている時に、その人のおかげでみんなが遅くなります。

そこで、あなたは、自分の担当が終わって帰ればよかったのに、残ってその人の仕事を手伝ってあげた。

この場合、あなたはいい人だけれども、嫌われます。

ここが組織の人間関係の難しいところです。

手伝ってあげたのに、嫌われる。

全体の効率を考えたら、仕事が遅い人を手伝ってあげるのはいいことです。でも、その人の仕事を手伝ったことによって、「あの人、仕事が遅いんだね」とみんなにバレてしまうことになります。

そうすると、仕事を手伝っているだけじゃなくて、あなたは、「あんた、仕事が遅いじゃない」と仲間に知らせているのと同じことをしてしまっているのです。

いい人のようだけれども、結果として残酷なことをしてしまっているのです。

そういう思いやりを持てるかどうかです。

自分の仕事以外の仕事を積極的に手伝う時には、そこまで考えないといけません。

その人が本当に手伝ってほしいと思っている時には、手伝わないといけない。

けれども、手伝ってほしくない時もあります。

その仕事を手伝われたら、その人の仕事がなくなる時があるのです。

その人がクビになるということです。

効率と人間関係という問題は、必ずしも一致しないのです。

効率を突き詰めていったら、人間関係を犠牲にしていかないといけないこともある。

仕事を奪われる人の気持ちになってみましょう。

私はこんなに仕事ができるとアピールすることで、誰かを傷つけてしまうこともあるのです。

素晴らしい出会いのために 17 嫌われる覚悟を持とう。

18

60点を目指そう。

いい人は、なんでも100点満点を目指します。

でも、100点のいい人になることは大変です。

ウソをついたことがないという人は、逆に大事件を起こすことがあります。

100点のいい人にならなければならないと思い込むと、まず自分がつらくなります。

いい人になろうと目指すことは、大事なことです。

でも、100点を目指してしまうと、ポッキリと挫折してしまう。

急に「やっぱり人間の本質は悪だ」とか「人間は弱い」とかいうほうに一気に走ってしまいます。

これが完璧主義者が陥ってしまう落とし穴です。

だから、まず60点を目指す。

自分が60点でもう御の字、それ以上上乗せできたら、かなりうまくいけたというふうに考えましょう。

もう1つ、相手に対しても、人間誰しも100点のいい人であることを望みます。

しかし、これもまたつらくなります。

相手がちょっとでも何かミスをすると、相手のミスが気になってしようがなくなる。

言葉や表情や態度にそれなりのリアクションをしてしまう。

自分に対しても相手に対しても60点でいいのです。

素晴らしい出会いのために 18 自分にも相手にも、60点でよしとしよう。

19

「こんなにしているのに」と見返りを期待していないか。

いい人は、とかくつい相手に見返りを求めてしまいがちです。

「自分はこんなにやっているのに、相手は……」

これは、男女関係でもそうです。

手編みのセーターを一生懸命編んで渡したら、相手が退《ひ》いてしまった。どうしても、「私はこんなに苦労して手編みのセーターを編んだのに」という気持ちになる。

自分がプレゼントをしてあげたいと思って贈っているのならいいのです。

「自分はこんなにしてあげているのに」という気持ちになることは、相手に見返りを求めてしまっているのです。

自分はこんなにしているのに見返りがなかったと思うと、贈り物の喜びが完結しない。
その人はしてあげることがうれしいのではなくて、見返りがうれしいのです。
だから、自分ばかりが損をしているという気持ちになってしまうのです。

素晴らしい出会いのために ⑲ 見返りを期待しない。

20 いい人は、裏切られる運命にある。

いい人は、必ず裏切り者呼ばわりされます。


たとえば夜中に電話がかかってくる。

明日の朝は早いし、今日は仕事で疲れているのに、長い悩みの相談にのってあげる。

毎晩毎晩悩みの相談につきあっていて、ある時、どうしてもしなければならない仕事があった。

「ごめん、明日の朝までに書類をつくらなければいけないから、また明日電話する」と言った。

そうしたら相手に「裏切られた」と言われてしまった。

あなたは裏切ったのでしょうか。

相手は、あなたがいい人であることを期待していますから、あなたは永遠にいい人であり続けないとダメなのです。

最初に、100点を目指してしまったからです。

「ごめん。ちょっと仕事が追い込まれているから、この仕事を片づけたら電話する」と言っていれば、相手にもあなたには忙しい仕事があるんだなということがわかります。

ところが、毎晩毎晩悩みの相談につきあっていて、10日目の晩にそれを言ったから、相手は裏切られた気持ちになったのです。

自分がつきあって、たった1日相談にのれなかっただけで、いい人から裏切り者に転落するのです。

決して急に冷たくなったのではなくて、それはあなたの限界が来ただけなのです。

いい人こそ、必ず「裏切り者」にされてしまうのです。

素晴らしい出会いのために 20 裏切り者と呼ばれる覚悟を持とう。

21

損ばかりしているという人は、友達ができない。

自分ばかりが一生懸命頑張っていい人であり続けて、こんな損な役まわりはないと思っていませんか？

たとえば、同じ仕事をしていて、仕事の遅い人もいるし、サボっている人もいる。休んでいる人もいる。

そんな中で、自分だけ一生懸命仕事をやっても、誰も評価してくれない。

給料も変わらないという時に、あなたは、「ああ、いい人であり続けることはなんて損なんだろう」と思い始める。

要領よくうまく立ち回った人は、「珍しく頑張っているね」とほめられたりしがちです。

まわりのみんなは得している、自分ばかりが損をしている気がする。

その発想は、一種の思い上がりです。

別の言い方をすると、「いい人は自分だけ、まわりのみんなはいい人じゃない。みんなは要領よく立ち回っている、自分ばかりが不器用で損している」という、一種のまわりを見下した勘違いをしやすいのです。

素晴らしい出会いのために㉑ 被害者にばかりならない。

22 2番目にいい人になろう。

みんなにいろいろ言われると、「なんだ、バカらしい。いい人になるのはやめよう」と思うかもしれません。

もちろん、いい人になっていいのです。

自分も、まわりもつらくない、みんなが友達でいられるいい人になるにはどうしたらいいでしょうか。

まず、あなたのまわりで「ああ、この人、いい人なんだよね」という人を見つけてください。

そういう人が思い浮かびますか？

それがいなかったとしたら、あなたは、まわりの人を見下しているのではないでしようか？

自分のまわりには誰もいい人がいないから、自分が一番いい人ということではないのです。

「ああ、この人、いい人なんだよね」というのは、あなた自身の主観的な見方でいいのです。

あなたにとって、「この人、いい人なんだよね」という人は必ずいるはずです。いい人を見つけると、「あの人に比べたら、ちょっと自分はサボっているな。まだまだいい人になれないや」という謙虚な気持ちになれます。

あなたは、**2番目にいい人**になることを目指すのです。

「一番いい人の次に、いい人」になるのです。

「あの人は頑張っている。自分もあの人ぐらい頑張ろう」という人と、「まわりはバカばっかり」というふうに思っている人とは、全然違います。

人間が向上していくためには、大事なポイントが2つあります。

第1は人間関係、まわりの人たちとどうやって仲良くしていけるか。

第2は自己啓発、自分をどうやって磨いていくかです。

自分のまわりにどうやって自分よりいい人を見つけるか、というのが人間関係の問題です。

他人を評価するということは他人の中に長所を発見するということです。

もう1つは、自分を磨くこと。

自分の中にいいところを見つけて、その自分のいいところを伸ばしていく。

これが、2番目にいい人になるということです。

友達をつくるために、あなた自身がつらい思いをしてもバカらしい。

まわりの人がつらい思いをしても、やっぱりダメです。

自分もまわりの人もつらくない方法でないと、結局、友達はできないのです。

素晴らしい出会いのために 22 自分のそばにいい人を見つけよう。

23 上司ばかりを見ていると友達はいなくなる。

友達をつくれる人は〝後ろ〟を大事にします。
友達を増やそう、人脈を広げようとしている人は、前はよく見ている。
けれども、後ろをほとんど見ていません。
台風で飛行機が遅れて、空港にようやく着きました。
その時に、ある大企業の社長さんが乗っていました。
お客さんが降りていく時に、秘書が荷物を持って社長さんの斜め前を歩いていました。
降りる通路は2人分しか人が通れません。
社長が悠々と歩いているせいで、2人の後ろにはびっしり人がつかえていました。

この時に、秘書は自分たちの後ろに人があふれていることに気づいていませんでした。

乗り継ぎがあったり、早く次のところへ移動しなければいけない人たちがたくさん後ろでイライラしているのに、その秘書は自分の社長しか見ていないのです。

本当は、社長が先にそれに気がつかないといけない。

後ろに気を配れる人なら、道をあけます。

狭い道で自分は悠々と歩き、秘書が斜め前を歩いて道をふさぎ、後ろでどれだけの人がイライラしながら通れなくて困っているかという状況が把握できていないのです。

人間が生きていく上でそれぞれのペースがあります。

みんなが速足で歩く必要はまったくありません。

大事なことは、速く歩くことではなく、後ろの人のジャマをしないということです。

自分は自分のペースで歩くというのは勝手です。

でも、他の人の道をふさいでジャマをする権利はありません。

このレベルの社長なら、このレベルの秘書だろうなという組み合わせでした。

この会社の行く末はだいたいわかります。

社長が偉くなり、新聞に顔が出るようになって、有名になるほど、「あの人は実際に会ってみると○○だったよ」というマイナスの宣伝が広がっていきます。

社長が人間関係のわかる人だったら、秘書に注意します。

急いでいる人がいたら、「どうぞ」とちゃんと通します。

やっている本人はまったく気づかない。

社員はみんな、社外のお客様よりも、社内の上司にばかり目が向いてしまっています。

これはサービス業の会社でも結構あります。

テレビでいくらコマーシャルを流していても、こういうことがあると、その飛行機に乗り合わせた人は、「きょう○○の社長が乗っていたけれど、ひどいね」と、家に帰って話します。

この言葉は、見ていない人も、「えーっ、あの会社の先行きもダメだね」というふうに口コミで広がっていく。

そういう会社は、全社員そうですから気がつかないのです。

素晴らしい出会いのために 23 後ろの人のペースをジャマしない。

24 「自宅の電話番号を教えて」と迫る人は、友達をつくれない。

名刺交換をする時に、「ご自宅の電話番号を教えて下さい」と、合コンでの会話のようなことを言う人がいます。

女性に対してだけでなく、男性に対しても、「これはオフィスの電話番号ですか？ご自宅の電話番号を伺いたいんですけれども」と言うのです。

事務所の電話番号ですから、ちゃんと本人に連絡がつきます。

こういう人は、電話番号を手に入れることで満足するタイプです。

名刺をもらう時に一番大事なことは、名刺を手に入れることで満足してはいけないということです。

男女関係でもそうですが、**女性の電話番号を聞くことだけで満足してしまう人が多**

い。

「自宅を教えてよ、教えてよ」と粘り続ける人が多いのですが、こういう人はもてません。

なぜなら、電話番号を知ることだけで満足して、実際に電話しないからです。

電話番号を教えたからといって、心を許したわけではありません。

相手のプライベートな電話番号を聞けなかったといって会社の名刺をおろそかにする人がいます。

こういう人は、本当は人とコミュニケーションをとるのが好きではない人です。

それがたとえ会社の名刺であっても、その場所へ連絡すればいいのです。

本人に連絡が届くまで時間がかかったとしても、そこへ出せば、必ずたどり着く住所が書いてあるのです。

たどり着かない連絡先が書いてある名刺などありません。

まずそこから始めましょう。

もし早く連絡したいなら、あなたが早く手紙を出せばいい。

1週間たって連絡をするのではなく、名刺をいただいたその場で書いてポストへ入れれば、相手に届く時間は早くなります。

ダイヤモンド社の編集者の土江英明さんは、堀紘一さんに単行本出版の御礼の手紙を書いたら、ご返事の手紙をすぐいただいたといって感激していました。

確かに忙しい方ほど、瞬間的に返していくように仕事をされないと、あれだけの膨大な仕事をこなすことはできないのです。

どうして自宅の電話番号を聞かないと満足できないのでしょう。

自宅の電話番号の書いてある名刺ばかりをありがたがってしまうようではいけません。

自宅の電話番号ばかりをありがたがってしまう人は、会社の名刺をおろそかにしてしまいがちです。

名刺はあくまでも手段です。

それが目的になってはいけません。

電話番号を知ることは、あくまで1つのプロセスなのです。

素晴らしい出会いのために 24 電話番号を知ることで、満足しない。

25 「笑」という手紙が来たら、どう解釈するか。

私は、皆さんからお手紙をいただくと、全員の方に直筆で「笑」という字を書いたハガキをお送りします。

お送りした読者の方にはずいぶん感激していただき、ご丁寧なお礼のお手紙をいただきます。

「ありがとうございました。何かイヤなことがあった時に、このハガキを見てにこっと笑わないといけないなという気持ちになりました。そういえば最近笑うことが少なかったと思います」

ただ、中には、不思議なリアクションの方がいまして、怒る方がいらっしゃいます。

その方のお手紙を読んでみますと、こう書かれているのです。

「中谷さんから返事が来ましたが、これは一体何ですか。人の手紙を笑うとは何ですか」

私は「笑いましょうね」と伝えたかったのですが、その方は自分が笑われた、バカにされたという解釈をされたのです。

これはこういう意味ですよと書かなくてはいけなかったのでしょうか。

誰かにニコニコして近寄ってこられた時に、自分がバカにされていると感じてしまう人は、ちょっとさみしい。

私は、反省しました。

誰かからお手紙をいただいたりした時に、自分自身がそれを悪意にとっていたことはなかったか。

通常だったら悪意にとらないけれども、時としてとってしまっていることもあるかもしれない。

自分が何かされてイヤな思いをしたら、自分自身も誰かに対して同じようなことをやっていないかなと考えるのです。

コミュニケーションというのはなかなか難しいのです。

メールでニコニコ笑っているフェイスマークがあった時に、世の中には、それを自分が笑われていると解釈する人もいるのです。

同じ人間でも、自分の精神状態や発想がネガティブになっている時には、ついついそういうふうに受け取ってしまうことがあります。

相手はちっともそんなつもりはないのに、自分が悪意に受け取ってしまっていないかと振り返ってみることです。

素晴らしい出会いのために 25 善意に解釈しよう。

第4章

出会いを大事にする人が、成功する。

26 絆《きずな》はアクシデントの積み重ねでできる。

あなたは今日、会社に出勤して働いて帰宅するまで、いったい何人の人と話をしましたか？

今の会社は、話したくなければ人と話さなくても生きていけます。

レストランへ行っても、「Ａコース」と注文を言うだけでほとんど話さなくてもすんでしまいます。

そういう人は、生きていくことはできても、友達や知り合いは決して増えません。

知り合いが増えると、ときにはケンカをするようなこともあります。

でも、それを恐れていてはいけません。

いろいろなもめ事とか、いろいろなアクシデントを通して、絆は深まっていきます。

絆は、アクシデントの積み重ねで深まるのです。

絆は１本のひもではなくて、縄のようなものです。

ねじれて強くなっていきます。

縄はよってあるから強いのです。

鉢巻きも、そのまま頭に巻くのではなくて、クイッとねじってから頭に締めます。

人間と人間が出会ったら、ただハッピーなことだけを求めていくのではなくて、時々行き違いみたいなものがあってもいいのです。

フランス人の女性と仲良くなろうと思ったら、最初は、これから国際社会はどうあるべきかという政治的な議論を乗り越えない限り、恋愛の話までたどりつけません。

恋愛映画を一緒に見に行った後、その政治的解釈について議論が延々と続きます。

ここでだいたい日本の男性は挫折します。

「ああ、ダメだ。脈がない」と思ってしまいます。

そんなことはありません。

政治的な議論で相手はケンカを売ってくるのが普通なのです。

ケンカを売ってきた議論に対して、対等にやりとりができた上で、初めて「この人はちゃんとコミュニケーションができる人だ」と思われて、一気にその先へ進めるのです。

その人がコミュニケーションできる人かどうかは、相手が反対意見を言ってきた時でも、「いや、僕はこう思う」とちゃんと受け止めて言えるかどうかです。

別に無理に反発することはありません。

むやみに「いや、違うな」と言う必要はないのです。

どんな話でもノっていけるかどうかです。

どんな話題でも、「いや、僕は興味ない」と言って切らないことが大事です。

素晴らしい出会いのために 26 アクシデントで、仲良くなろう。

27 らせん階段のすれ違いは、内側に寄る。

私がいつも行っているレンタルビデオ屋さんのＴＳＵＴＡＹＡは、２階へ上がる階段がらせん階段です。

らせん階段を上り降りする時に人とすれ違う時は、あなたはどっちのほうへ寄りますか？

人間は必ず安全な外側の広いほうへ寄ります。

どちらも広いほうへ寄るので、必ず２人はぶつかります。

これが人と人とのやりとりとして日常生活で行われていることです。

その時に、自分が狭いほうに寄って、相手に広いほうを譲れる人が、ぶつからない人です。

教習所に車の免許を取りに行けば、登ってくるほうと降りてくるほうとすれ違う時は、どちらが優先か習います。

同様のことを日常生活で歩いている時はどうすればいいかなんて、別に習ってはいません。

つい無意識に広いほうへ行ってしまうのです。

普通の平坦な道ならどうですか。

曲がり角で相手とぶつかった時に、あなたはどちらに寄りますか？

必ずお互いが内側へ寄ろうとします。

つい内側へ寄ってぶつかります。

その時に、相手も内側に寄るから、あなたは外側へそっと寄ることができるといいのです。

一流レストランのウェイターさんは絶対にぶつかりません。

なぜならば、相手が動く方向が読めるからです。

人間と人間の歩く距離感がつかめているのです。

平坦な曲がり角ですれ違う時に、人間は必ず内側に寄るから、自分は外側に行けばいいのです。

素晴らしい出会いのために 27

相手が動く方向を読める人になろう。

28 さっと近づいて、ゆっくり挨拶。

レストランで食事をして帰ろうとする時、席でジャケットをバーッと羽織《はお》るお客さんがいます。

夏場はジャケットですからそれほど問題にはなりませんが、冬は自席でコートを脱いだり着たりします。

あなたの横でごはんを食べている人がいる場合、コートを脱いだり着たりしてはいけません。

ところが、なかなかまわりのことが見えない人がいます。

私が食事をしている時に、横でコートをワーッと羽織った女性がいました。

どんな美人でもどんな高級なコートでも興ざめでした。

テーブルがずっと離れているような高級店ならまだいいのです。

また、すぐ隣に別のお客さんのテーブルがある時に、席を立とうとして、ボンボンぶつかって出ていっても平気な人もいます。

それは自分の歩幅間隔がわかっていない人です。

こういう人は、友達をつくることはできません。

席を立つ時に、その場でコートを着ない。

ほかのお客さんがまわりにいないところまで行ってコートを着る。

日常生活の中で、ああ、こういう時にはこういうふうにされたくないなと感じたら、そこで1つずつ覚えていくのです。

「こんなところでコートを羽織るかなあ」という嫌な経験をしたら、今度自分はこうしないようにしようと思う、その積み重ねです。

らせん階段を降りる時に人とぶつかったとします。

何かここでいつもぶつかってしまうのは、どうしたらいいんだろうかと考える。

こちらがとまったほうがいいのか、広いほうを相手に譲って、じっとしていたほうがいいのかと考えます。

ただ階段や曲がり角でどうやってすれ違うか、レストランでどんなふうに席を立つか。

そういった日常生活の小さな1つ1つのことで、その人がまわりの人たちとどういう人間関係をつくっていけるかの差になります。

小さなことですが、レストランのウェイターさんの間合いというものは決してマニュアルで覚えられることではありません。

実際、生身の人間と出会ってすれ違う時に、ぶつからないようにするにはどうしたらいいか考えることは大事なことです。

レストランの厨房は狭い。

そこで伸びていける人は、先輩、後輩とぶつからない人です。

ぶつかっているような人は、伸びてはいけません。

勘がいい人は、相手がこう動くとわかっているから、ちゃんとまわり込めるのです。

相手がどう動くか予想できないのは、勘が鈍いのです。

いいレストランのウェイターは歩き方がすごくきれいです。

速く歩いているのに、ほこりを立てるようなバタバタした歩き方は決してしません。

ダメなレストランに行くと、歩き方が遅いのに、バタバタ急いでいます。

もっと元気がないお店に行くと、のろのろした歩き方をしています。

いいホテルに行ってみてください。

ホテルマンが寄ってくるのが早いです。

たとえば新宿のパークハイアット東京は、廊下が長い。

それでもパッと近づいてこられます。

間合いの詰め方が早くて、あっという間です。

近くにくると、ゆっくりになるのです。

すごく離れている気がしていたのに、次の瞬間には目の前にきて握手しています。

これが人間関係の距離の詰め方です。

離れているものにどれだけ素早く近づくことができるかが大切です。

素晴らしい出会いのために㉘　テーブルでコートを羽織らない。

29 「仇討《かたきう》ち」は「恩返し」の裏返し。

友達をつくることは、仇討ちと同じようなものです。

仇討ちというのは、江戸時代の時代劇の話によく出てきますが、これが難しい。

もしあなたのお父さんが誰かに殺されたとします。

香港映画のように、自分の父親を殺して逃げた犯人を追いかけていきたい、でもどこへ逃げたかわからないという時、どうやって捜し出せばいいのでしょうか。

これだけ情報が進んでいる時代でも、仇を捜し出すためには、人脈を広げないといけません。

ネットワークの力が必要なのです。

江戸時代は、お殿様に「自分の父親が殺されたので仇討ちをしたい」と願い出て許可されると、仇討ちの旅に出ることができました。

仇討ちの成功率というのは、一体どれぐらいだったのでしょうか。

電話やコンピュータなど、すべての通信技術がある今の時代でも仇討ちをもしやろうとすれば大変なのに、江戸時代ですからどれだけ大変なのか想像もつきません。

メールで簡単に情報が入るというわけではありません。

故郷からの手紙で、どこそこで見かけたという情報が入ってからその現場に駆けつけるまでに、犯人はもう移動してしまっています。

仇討ちの相手にめぐり会えるのは、たかだか100分の1です。

仇討ちは、その人にとっては一生かかってする仕事になるのです。

ましてや仇討ちする側の人が子供だったら、いきなりは家を出られないので、親戚に助太刀《すけだち》を頼むことになります。

親戚の中で仇討ちのようなイベントができるだけ起こらないようにというのが、江戸時代の武士の願いだったのです。

仇討ちをするためには、3つの要素が必要です。

これは、友達をつくる過程とまったく同じです。

1つ目は、まず修行をして技を身につけないとダメだということです。

お父さんが誰かに殺されて、その仇を討たなければいけない。

でもまだ子供だったら、仇なんか討てません。

「父の仇！」と言って、ぶつかっていったら返り討ちに遭ってしまったという場合があります。

100分の1というのは仇討ちで成功する確率ではなく、めぐり会う確率なのです。

やっと仇にめぐり会っても、半分は成功し、半分は失敗して逆に返り討ちに遭ってしまうのです。

返り討ちに遭わないためには、まず修行をして、剣の技を磨かなければいけません。

友達をつくる時は、一生懸命自分を磨いておかなければ、いくら相手を捜してもダメです。


素晴らしい出会いのために㉙ 一生懸命自分を磨こう。

30 まわり道から出会いが生まれる。

いざ仇に会っても倒せるだけの力がついたら、今度は動き回らなければいけません。

ただじっとしていたのでは、絶対に仇をつかまえることはできません。

犯人は、だいたい人の集まるところにいます。

いくら江戸時代の日本の人口が少なかったとはいえ、日本全国に逃げていった相手を自分で追いかけなければいけなかった。

当時の警察は藩境を越えられなかったので、大変だったのです。

当時「関八州《かんはっしゅう》」という関東の8つの国を股にかけて追いかけることのできる特別警察がありました。

これが当時のFBIです。

しかし、通常は武蔵国《むさしのくに》での犯行なら、武蔵国から出た犯人を追いかけることはもうしません。

藩を越えて行った仇を追いかけるためには、自分が勝手に動かなければいけないのです。

犯人は、自分が仇として狙われていることはわかっていますから、できるだけ遠いところへ逃げていきます。

遠いところへ逃げていく犯人を追いかけていく時に、人里離れたところへ行くのは効率が悪いのです。

普通いきなり相手をつかまえることなどできません。

まず、仇の情報が入るのではないかというところへ行くのです。

仇を討てない人は、相手がいそうだと思うところにばかり行ってしまう人です。

仇を討つほうも必死ですが、仇として狙われている側も必死です。

人がいそうだと考えるようなところには、絶対にいません。

相手がいそうなところばかりを捜しても、仇討ちは成功しません。

成功する人は、まず人が集まるところに行きます。

ただし、人が集まるところに仇がいるとは限りません。

でもそこに「どこそこで仇らしき人相の男を見かけた」という情報が入ってくるのです。

この考え方は、人脈をつくる時も大事なことです。

いきなり相手のいるところへ行こうとしてしまうと、人脈はなかなかつくれません。

まず中間点にたどり着く。

まず、どこへ行ったらその人の情報やその人へたどり着くルートをつかむことができるかという発想を持つことです。

これがネットワークの発想です。

ネットワークというのは、決して近道の発想ではありません。

どれだけ遠まわりできるかということです。

友達をつくるのがうまい人は、直接いきなり相手のところへ行く人ではありません。

たとえばAさんに会いたいと思った時に、いきなりAさんのところへ行こうとする人は、友達づくりがヘタな人です。

Aさんのところへたどり着くために、Bさん、Cさん、Dさんという3人を経由してようやくAさんにたどり着く。

なんてまわりくどいことをしてしまったのだろうと、ムダなことをしたと考える人は、友達づくりがヘタな人です。

Aさんにたどり着くプロセスで、Bさん、Cさん、Dさんとまわり道をした。けれども、まわり道することでさらに友達ができたと考える人は、友達づくりの上手な人です。

友達づくりを楽しめる人です。

できるだけ近道をしたいと思う人は、友達をつくるのが好きな人ではありません。できるだけ手を抜きたいという人は、Aさんに早く会って目的を達したい、そこでどれだけ利益があるかということしか考えていないのです。

役に立つ人脈だけつくりたいという人がいますが、そんな人脈はできるわけがないのです。

特に、最初の頃はどうしたって玉石混淆な人脈になる。

それでいいのです。

いっぱい人に会う作業をくり返すことで、目が肥えてくるし、宝を見つけだす能力も培われてくるのです。

同じことをするのだったら、できるだけ間に人がたくさん入っていることを楽しめることのほうが大事です。

これが、仇を捜す時は人の集まるところに行くという発想です。

素晴らしい出会いのために 30 まわり道を楽しもう。

31 人が集まるところには必ず出会いがある。

人の集まるところにも2種類あります。

①お祭り。

お祭りにはその地区の人がほとんど集まります。

今で言えば、お祭りはイベントです。

パーティーもイベントです。

②宿場。

仇を狙う人は、人の通行量の多い宿場で働くのが常道です。

宿場で働いていると、大勢の人たちが通過するところを見ることができると同時に、宿に泊る旅人からもいろんな情報が集まります。

宿場を現代に置きかえると、ホテルということになる。

ホテルほど面白いところはありません。

ホテルほど出会いの多い場所はありません。

ホテルというのはいろんな人が経由していく。

人間には情報がついてくるので、遠いところに離れている人の消息も伝わってきます。

もし今、仇討ちを考えている人がいたら、ホテルで働くことも１つの手かもしれません。

素晴らしい出会いのために 31 人の集まるところに行こう。

32

肩書から入ると、出会いは生まれない。

仇討ちをするために する3つ目は、自分の身分がバレないようにすることです。

狙われるほうはもちろん身分を隠しますが、追うほうも身分を隠さなければいけません。

追うほうだけが情報を集めているのではありません。

逃げているほうも情報を集めているのです。

「泉州堺の中谷某という男が仇を探して情報を集めて回っていたぞ」という話を仇が聞いたら、その場から逃げられてしまいます。

すぐそばまで迫っていても逃げられてしまいます。

仇は意外に近いところにいます。

近いところまで追い詰めながら、１日のタイミングで逃がしてしまうことが実際には多いのです。

近くなればなるほど相手にも情報が入るので、職業を偽ったり、偽名を使うのです。

手紙でも身元がバレることがあります。

当時は飛脚が手紙を運んでいたのですが、その手紙にもいくつもの偽名を使うのです。

「今はこの宿場にいるから何か情報があったら入れてくれ」とか「何日ごろどこどこのお祭りに行っているから、その宿場に手紙を欲しい」という情報を、常に実家のほうへ入れるのです。

実家に情報を入れる時に、たとえば「泉州堺の中谷某」という本名を入れたらバレてしまうので、名前や職業をかえています。

仇のほうも、もちろん名前や職業をかえています。

「あの人はどうも仇として逃げている、何かわけありの人に違いない」とバレないように、職業、肩書を隠します。

実は、この考え方は人脈を広げる上で大事なことです。

出会いの時に必ず肩書から入ってしまう人がいる。

肩書の偉い人ばかりと友達になろうとして、肩書のない人を無視してしまう。

そして、肩書が偉い相手だと、今度は必要以上に卑屈になってしまって、ぎこちなくなる。

肩書から入っていくと、出会いはなかなか生まれません。

日本人は、どこどこ企業に勤めているとか、ポストは何々ということにこだわりすぎる。

そのために、肩書を聞いてしまうと構えてしまうのです。

自分がふだんお世話になっている会社なら、もう対等に話せなくなってしまうのです。

相手の年齢を聞いてしまうと、たった1歳違いで急に敬語になる人もいます。

今までは、相手は年下だと思ってずっと対等に話していたのに、実は年上だったということで、急に敬語になってしまうのです。

相手が年下だとわかると、急にぞんざいな口のきき方になる人もいます。

こういう人は、年齢や肩書で壁をつくってしまっているのです。

外国では、年齢による差別というものはありません。

相手が自分の親と同じぐらいでも、友達と同じように親しく話します。

ところが、日本は年長者を敬うという文化の中でずっと育ってきていますから、年上の人に対して親しく聞いていると、横にいる人に「おまえ、その口のきき方は何だ」と注意されたりします。

相手の人が平気でも、まわりの人が落ち着かないのです。

つい相手の肩書や年齢や会社を確認してしまう自分も、それを名乗って安心しようとするけれども、それで壁をつくってしまっているのです。

名刺をいただいた時でも、あまり名刺の肩書とか会社にこだわらないことです。

名刺は親しくなるためのものであって、壁をつくるために渡したり受け取ったりするものではありません。

よく時代劇で、笠をかぶった虚無僧《こむそう》が尺八を吹きながらあらわれます。

あれはたいてい仇を捜し回っている人なのです。

仇討ちは、だいたい虚無僧になります。

なぜなら虚無僧になるとお寺に泊まれるからです。

お寺自体が、虚無僧に対して一宿一飯を施すという全国のネットワークができ上がっているのです。

町の人たちも虚無僧には、お坊さんということで協力してくれる。

虚無僧になるための修行は1、2年かかります。

まず尺八が吹けないとダメです。

尺八をされる方はご存じと思いますが、音を出すまでに相当な時間がかかるのです。

仇討ちというのはそれぐらい大変なことなのです。

仇討ちというのは恨みを晴らすということですが、裏を返すと、恩返しをする過程とまったく同じです。

仇討ちも、恩返しも、友達をつくることも、すべて出会いから始まります。

ほんの些細な出会いを、どれだけ生かしていくかというのが仇討ちであり友達づくりです。

仇討ちにはドラマがあります。

仇討ちに出たら次の日に会って、「親の仇！」と斬り捨てて、よかったよかったと終わるドラマなどありません。

30年、40年かかってようやく見つけ、よぼよぼのおじいさんになってしまった仇を斬らなければならないこともあるのです。

追いかけるほうにもいろんなドラマがあるし、追いかけている人間を支える家族にもドラマがあるのです。

1人の友達をつくることは、仇討ちと同じぐらい重いことです。

人が集まるということは、本来それぐらい緊張感のあることなのです。

ただ何かあるから行ってみようと、漫然と出かけて行っても友達はできません。

今日あなたが行ったパーティー会場の中にも、狙っている側と狙われている側が隣同士で座っていたかもしれません。

だからこそ、人間の出会いというのは緊張感があり、面白いのです。

素晴らしい出会いのために㉜　出会いに、肩書を持ち込まないようにしよう。

33 「ウィズ・アップ」共に咲く喜び。

友達関係が一番決裂するのは、友達が失敗した時ではありません。友達が成功した時です。

友達が成功していく時に、成功した友達を一緒に喜んであげられなくて、自分から切ってしまうのです。

相手から切られるのではありません。

「あの人とは昔は仲が良かったのに、あの人は成功してから冷たくなった」と思い込んでいるのです。

連絡した時に「ごめん、後で連絡するよ」と言われると、「やっぱりあの人は自分のことを見捨てた、自分はまだ成功していないがあの人は成功した」と、自分から切ってしまうのですが、成功した人は忙しいのです。

失敗した人は、意外に長くつきあいが続きます。

自分よりちょっと不幸な人間は、意外に切れないのです。

人が成功して変わるのは、相手の気持ちではありません。

自分の気持ちが変わってしまうのが一番怖いです。

相手がもし成功したら、それを喜んであげましょう。

喜んであげる人が、次の成功者になります。

「共に咲く喜び」という武者小路《むしゃのこうじ》実篤《さねあつ》の言葉があります。

すばらしい言葉だと思います。

裏切られたとか、あの人は冷たくなったと考えてはいけません。

一番の幸せは、あなた1人が成功することではありません。

たまたまあなたが先に成功したら、まわりの人間を応援してあげましょう。

まわりの人の応援があったから、あなたは成功したのです。

自分の力で成功したのではなく、まわりの人の応援があって、たまたまあなたが一番先に成功しただけです。

最終的な目標は、みんなで成功することです。

みんなで幸せになることです。

これが「共に咲く喜び」です。

英語では、「ウィズ・アップ」と言います。

アメリカのベンチャー企業があれだけ伸びていくのは、「ウィズ・アップ」スピリッツがあるからです。

共にアップしていこう、一緒に成功していこう、一緒に幸せになっていこうという感覚があるからです。

あの人に勝った、負けたではないのです。

決して競争ではありません。

1位、2位と順位がつくことではありません。

誰かが幸せになったら誰かが不幸になるということでもありません。

誰かが幸せだと誰かが不幸になると思い込んでいる人は、その人との差だけ見ているから素直に受け入れられないのです。

今よりもっと、まだ名もなく貧しかったころを思い出してみてください。

何年か前の若かったころと比べたら、お互い出世しているじゃないかと喜べる。

豊かになっているじゃないかと素直に喜び合えることが、友達をつくっていく上で大事な気持ちです。

それが共に咲く喜びを味わえる人です。

素晴らしい出会いのために 33 仲間の成功を応援しよう。

34

離れていても熱い備長炭のような人になろう。

備長炭《びんちょうたん》というのはブナ科のウバメガシでつくった炭《すみ》で、高価ですが、ただ高いだけではありません。

通常の炭は摂氏８００度の温度が出るのですが、備長炭は９００度にもなります。

この備長炭の扱い方は難しい。

備長炭はなかなか熱くならないので火がつきにくいのです。

まず、備長炭を燃やすための火が必要です。

確かに、なかなか備長炭は火がつかないけれども、いったんついたら長持ちして、強い火力が出ます。

肉を焼く時にガスで焼きますと、肉に水分がついてしまいます。

炭火焼きは何が違うかというと、水分がつかないのです。

表面を焦がさないで熱が伝わるので、中まで熱くなるのです。

安い火力を使うと表面だけ熱くなって、外側はやけに焦げるけれども中まで火が通っていないという状態になってしまいます。

備長炭を使うと熱の伝導がいいですから、離れたところからでも熱が伝わります。

近づけないと熱が伝わらないのは、安物の火です。

備長炭を使っているお店に行ったら、まず厨房へ行って備長炭を焼いているところを、見せてもらってください。

焼肉屋さんでも炭火焼きで備長炭を使っているところがありますが、まず備長炭を焼やすのです。

備長炭が焼けているのではありません。

まず備長炭を燃やしているのです。

この作業が大事です。

あなたが備長炭だとすると、まず自分を焼かなければいけないということです。

近づこう、近づこうと考えるのではない。

離れていても熱が伝わる人間になるということです。

熱とは情熱です。

メッセージであり、思いです。

年に1度しか会えない人でも、メッセージが常に届いている人もいます。

備長炭のような人になりましょう。

表面は焦げていないけれども、離れていても熱が伝わる人になりましょう。

素晴らしい出会いのために 34 **離れていても熱い人になろう。**

35 後ろのタクシーに会釈してタクシーを降りていますか。

タクシーに乗っていたら、細い道で前のタクシーがとまりました。

私はちょっと急いでいました。

「あっ、ここで前のタクシーがとまると遅れるな」と思っていたら、やっぱりとまりました。

前のタクシーがとまったら、お客さんが降りるまで自分の乗ったタクシーは前へ進めません。

お金を払って降りてきた方が、ファッション評論家の大内順子さんでした。

大内さんはタクシーから降りた時に、私の乗っているタクシーのほうへ会釈《えしゃく》をされた。

「うわっ、カッコいい」と思いました。

タクシーを降りる時、細い道で後ろの車をふさいでいたら、後ろの運転手さんとお客様にちゃんと会釈をしていますか？

自分は降りるんだから仕方がないではすまないのです。

流れをとめてはいけません。

これがタクシーを降りる時のマナーです。

大内さんは、別に後ろに知っている人が乗っていたから会釈をされたわけではありません。

世の中は広いようですが、結局、一本道です。

自分が何かをしている時に、知らず知らずのうちに後ろにいる人をふさいでいることがあるのです。

そういうことに気づかず、世の中なんて広いものだと思いこんでいたりします。

そうすると、自分がとまった時も、後ろの人がよけて通ればいいじゃないかと思ってしまいます。

車を運転する人はわかると思います。

あなたがタクシーを降りる時に、後ろの車が急いでいて右側に急に車線変更して、向こうからきた車とぶつかったら、誰が悪いかということです。

保険では、急に車線変更をした後ろの車が注意不足ということになるのですが、原因をつくったのは前のタクシーのあなたです。

タクシーで降りる時には、ちょっと考えないといけません。

ここへとめて運転手さんの迷惑にならないか、後ろの車の迷惑にならないか、まわりの車の流れをとめないか。

タクシーを降りる時に後ろを見るのは、安全のためだけではありません。

知っている人との出会いがあるかどうかではないのです。

知っている人に気を配ることより、知らない人に気を配ることが大事なのです。

タクシーを降りて、もし後ろの車の流れをとめていたとしたら、会釈ができる。

それが背中の感覚を磨くということです。

すぐれたサービスマンは、背中に目を持っています。

人間関係で一番大事なことは、前ばかりでなく、ちゃんと後ろにも気が配れることです。

背中に目を持つということです。

素晴らしい出会いのために 35 背中に目を持とう。

36 渋滞の原因はあなたが作っている。

ちょうど交差点の真ん中まで突っ込んで右折車をジャマしている車というのがよくあります。

前がつかえている時は、青信号でも交差点に入ってはいけないと、教習所で習っているはずです。

対向車線の車に交差点をふさがれると、車が右折できなくなって、車の流れを延々と詰まらせてしまいます。

日常生活の中でこういう事態が起こっていることに気がついていないことがしばしば起こります。

対向車線の車は、右折車の車線のことなんか、関係ないと思っています。

しかし、あなたがもし交差点に突っ込んだ車の後ろにいたら、どうしますか。

前の車が後ろに戻れるように余裕をつくってあけておいてあげないといけない。

これが心配りです。

あなたも負けずに突っ込んでしまうと、右折できない反対側の車線の流れが悪くなります。

次の交差点で同じ事態が逆に起こっていたら、この渋滞はいつまでたっても解決しません。

こういう時は、まず第1に、自分自身が交差点に入らない。

2番目は、自分の前の車が交差点に入った時には、前の車がバックできるスペースをとっておく。

「あいつ、交差点に入ってバカだな」と言って、あなたもその後ろまで詰めていったら、あなたも前の車と同じことをしてしまっているのです。

素晴らしい出会いのために 36 右折車を通してあげよう。

37 副調整室に挨拶して帰るタレントが伸びる。

テレビ局のスタジオに見学に行ったことがありますか？

テレビ局のスタジオは、２つに分かれています。

スタジオの部分と、副調整室です。

副調整室はディレクターやプロデューサーが座っていて、何台もあるカメラのスイッチを切りかえたり、音声を上げたり下げたりするような部屋です。

これは通称「サブ」と呼ばれています。

サブはスタジオルームよりもワンフロア上のところにあります。

私はコマーシャルの演出をしている時は、サブにいました。

スタジオからは、サブに誰がいるか見えません。

サブから収録が終わった時のタレントを見ていると、その人が伸びるかどうか、よくわかります。

伸びないタレントは、フロアの人に「お疲れさまでした、お疲れさまでした、お疲れさまでした」と言って、そのまま帰ります。

伸びるタレントは、2階のサブにも「どうもお疲れさまでした」とちゃんと声をかけて帰るのです。

刑事物のお約束事で、警察の取調室には必ず鏡があります。鏡はマジックミラー、隣室でちゃんと見ています。

取調室にある鏡が普通の鏡だと思っている人は、まずいません。

取調室に鏡なんか必要ですか？

そんなところで急に身だしなみを整える必要はまったくないのです。

警察のご厄介になった時に、もしもマジックミラーで見られているという意識があれば、「どうもお疲れさまでした」と礼儀正しくマジックミラーに挨拶をして帰るくらいのシャレっ気が必要です。

見えない相手でも、そこには誰かがちゃんといるんです。

あなたは、見えない相手に挨拶をして帰れますか？

劇場でもそうです。

今度、お芝居を見に行ったら、舞台のほうばかり見ないで、後ろを振り返って見てください。

後ろの調整室には、音声さんや照明さんが必ずいます。

お芝居が終わって役者さんが帰る時、そこに向かって「どうもお疲れさまでした」と声をかけます。

顔は見えないけれども、目を合わせるくらいの気持ちで声をかけるのです。

顔の見えない人に、挨拶をするのです。

マジックミラーでも、そこにちゃんと見ている人がいるということを忘れてはいけません。

マジックミラーというのは、世の中にたくさんあります。

自分のことは気になるので、鏡を置いておくと、みんな鏡を見ます。

実は、マジックミラーの向こうには誰がいるかわからないのですから、自分の顔ばかり見ていてはいけないのです。

エレベーターでよく鏡張りのところがあります。

そうすると、面白い現象があります。

みんな鏡の自分を見ていますから、知り合いがエレベーターの中にいても、気がつかなくなるのです。

エレベーターを降りてはじめて、「あっ、○○さん」「あっ、どうもこんにちは」ということがよくあります。

朝の地下鉄も、ちょうど鏡状態になります。

みんな窓に映る自分の顔を見ていますから、隣に知り合いがいても気がつかないのです。

窓ガラスの向こう側にも人がいる。

自分の横にも人がいる。

後ろにも人がいる。

自分が見ている焦点のピントをちょっとずらせば、隣の知り合いに「あっ、○○さん、おはようございます」と挨拶ができるのです。

素晴らしい出会いのために37

見えない相手に、挨拶しよう。

38 PTAで一番嫌われるのは、サラリーマン。

子供が学校に行くと、PTAとのつきあいが出てきます。

PTAでは、サラリーマンが一番嫌われます。

PTAでは、早く結婚して早くお子さんのできた若いお父さんと、結構年配のお父さんとがいて、年齢差があります。

サラリーマンというのは、年齢差のある人との対等のつきあい方が苦手です。

子供が同い年という共同体ですから、みんな対等のはずです。

にもかかわらず、こいつはおれより若いから、おれのほうが偉いというような思い込みを持って、つい「おい」と呼んでしまう。

部下に接するように、いばってしまいます。

だいたい見ず知らずの人に「おい」と呼びかけるのは、昔の警察です。

今、電話は「もしもし」というふうになっていますが、最初に電話が生まれた時は「おい、おい」と言っていました。

電話機というのは、警察で一番必要だったから、電話をかける人が警官だったためです。

昔のお巡りさんの口グセは、「おい！　こら！　そこで何している！」で、これはコントでも必ず出てくる警官用語です。

今「おい、おい」で電話がかかってきたらイヤですが、こういうタイプの人がサラリーマンには結構います。

自分より年下の人間に対しては「おい、こら」という呼び方をしていいと思っているのです。

会社は、上司と部下ですから、それでもイヤな感じはないんです。

部下も「上司が言っているんだから、おれはそれを受けとめよう。別にこの人が礼儀知らずなんじゃなくて、そういうほうが組織はうまくおさまっていくから」と、納得できます。

でも、全然上司でも部下でもない人から、いきなり「おい」と呼ばれたら、これは抵抗があります。

ところが、**「おい」と呼んでいるほうはまったく気がついていない。**

ここで友達をなくしていってしまうのです。

車と同じで、自分が流れに乗っていないということに気がつかない。

この感覚を磨いていくことが必要です。

素晴らしい出会いのために 38 年齢だけで、部下と同じ扱いをしていないか気をつけよう。

第5章

出会いが、人生を豊かにしてくれる。

39 拍手を最後まで待つ必要はない。

日本人は会議で話を聞く時に、いつも誰かの報告を聞く姿勢で黙っています。

講演を聞く姿勢も、知らず知らずのうちに受け身になってしまっているのです。

自分もそうなっていないか、1度振り返って考えてみてください。

話している人からは、それがよくわかります。

結婚式でも、ただ早く話が終わらないかなという気持ちで聞いている人がいます。

この人は何かを吸収しようと思って話を聞いているのか。

ただこういう催しがあるからと、ただ座っているだけでは、何にも頭に入ってきません。

韓国で講演した時に、日本人の講演を聞く人の姿勢はなんて受け身だったのだろうとつくづく感じました。

韓国では、話している最中に拍手が起こるのです。話の途中で拍手が起こるのは日本では株主総会くらいです。

日本の講演の場合は、だいたい終わった時に拍手が起こります。それも主催者の人から、「それでは今日の講師の先生に拍手をお願いします」と言われて、何となく段取りとして拍手をする、それが当たり前のように思われています。

ジャズピアニストの山下洋輔さんがアフリカでコンサートをされた時に、聞きにきたお客さんがすごくノったそうです。

ところがその人たちは、ふだんあまりコンサートの経験がありませんでした。コンサートが終わると、集まった人たちは、あれほどノっていたのにクモの子を散らすようにサーッといなくなりました。

アンコールの習慣がなかったからです。

アンコールの習慣は、ヨーロッパのクラシックのコンサートから、何となくお約束としてできてきました。

今クラシックのコンサートに行くと、アンコールで引っ込んでは出てを5回ぐらいやります。

それが当たり前になっています。

一番の持ち歌が、アンコール用にとってあることがあります。

こんなダンドリは普通、ありません。

聞く側にもダンドリができ上がっています。

会議でも講演でも、知らないうちにダンドリができています。

学生時代からそのダンドリにならされています。

教室で授業をただ受けていればいいやというダンドリです。

この授業の50分間、とりあえずおとなしく座っていれば、それで時間は流れていく。

こんな話の聞き方に、知らず知らずのうちに慣れてしまっていたら、衝撃的な出会いなんて起こりません。

人の話を聞くのは、きわめて積極的な出会いの場なのです。

ただ聞くだけ、メモをとるだけでは何も起こりません。

自分から積極的に聞こうとしなければ、何も聞けないのです。

相手に入っていこう、声にならない返事をどんどんしていこう。

これはテレパシーのやりとりということです。

私が講演で話していると、黙って聞いている聴衆の方からの声にならないテレパシーみたいなものがどんどん伝わってきます。

盛り上がっている時は、そういうテレパシーがたくさん来ますから、話しやすいのです。

テレパシーのやりとりをしていると、疲れません。

ところが、講演によってはすごく疲れる時があります。

それは、何にも反応が返ってこないで、１人で話している時です。

講演は、決して講師が１人でしゃべっているものではありません。

講演だけに限らず、たとえば会議でも、デートでも、人と会う時はいつでも、ただ聞くだけの姿勢でいてはダメです。

外国人と会った時に、自分は英語ができないから話ができないと思っている人には、コミュニケーションはできません。

何か話そうと思っている人は、外国語がうまくできなくても、必ず通じます。

韓国で講演の途中で拍手が起こるのは、ここで拍手しなければいけないというダンドリではなくて、聞いていた人がただ拍手したくなったから拍手したのです。

まず、会場にいるたった1人の人が拍手をします。

その拍手の音がだんだん大きくなって、講演が終わるのです。

話は時間がきて終わるものではないのです。

私はこういう講演の聞き方があることを初めて知りました。

そうやって一生懸命の姿勢で聞いていただくと、話している側も、おのずと一生懸命に話すようになります。

人と会って話をする時に、相手のノリが悪いとか、何か面白くない時は、きっと聞く自分の側が悪いのです。

相手に話をさせたくなるような空気、熱気みたいなものをぶつけていないのです。

私は、対談の時でも、インタビューの時でも、私が聞く側で行く時でも、とにかくエネルギーをドーンとぶつけます。

それが人間の出会いなのです。

素晴らしい出会いのために 39

感動したら、いつでもどこでも拍手をしよう。

40 ジョークは聞く人が面白くする。

誰かの話を聞く時、笑って聞いていますか？

日本の講演では、聞いている人たちが笑うことがあまりありません。

講演の場所で笑ってはいけないという意識があるからです。

笑ってはいけないという姿勢は、結局コミュニケーションの拒否です。

このあいだ、シアトルで講演をしたら、お客さんは盛んに笑いました。

大阪で講演する時も、笑いが多い。

結婚式の挨拶で冗談を言っても、聞いている人たちは笑いません。

笑ってはいけないというムードができ上がっているからです。

学校の教室でも、会議の最中でも、笑いをこらえ、機嫌が悪いような感じで黙っています。

それが一生懸命聞いている姿勢だと思いこんでいるからです。

これは大きな勘違いです。

話し手も、ユーモアをまぜるのは不謹慎だと考えています。

話す側は、ユーモアを込めて笑う材料を提供していかなければなりません。

ただニヤニヤしていることがユーモアではありません。

大阪では「オチのない話をするな」と言います。

どんなにいい話をしても、最後にオチがなかったり、ユーモアが入っていなければ、その話はサービス精神に欠けると思われるのです。

コミュニケーションをとるということは、相手に楽しんでもらうことです。

どんなにいい話をしても、そこにユーモアが入っていなかったらダメです。

話す側だけの問題ではなくて、これは聞く側にも大事なことです。

面白い話は、笑ってください。

これがユーモアの姿勢です。

笑うためには、教養が必要です。

教養がなければ笑えないし、センスがないと笑えません。

もう1つは、笑うことで一緒に楽しい空気をつくっていこうとする姿勢が大事です。

アメリカ人は、つまらないジョークでも笑います。

笑いのレベルが低いのではありません。

笑うことによって、一緒に面白くしていこうとするのです。

誰かが冗談を言ったら、つまらないと言って切り捨てない。

つまらない冗談をフォローするために、冗談を加えてノセていきます。

ここで笑う姿勢が生まれてきます。

アメリカ人のスピーチと、日本人の政治家がアメリカに行った時のスピーチを比べてみてください。

アメリカ人のスピーチは冒頭、必ずジョークで始まります。

これがとてもうまいのです。

逆に日本人のスピーチは、必ずおわびで始まります。

「本日は、諸先輩を差しおきまして、私のような若輩者が一段高いところからではございますが……」

外国人はこれを不思議がります。

おわびは、相手を遠ざけてしまいます。

コミュニケーションのやわらかな拒否です。

これは何も日本の習慣、アメリカの習慣というだけではありません。

話す側も聞く側も笑ってもらおうという姿勢、一緒に笑おうという姿勢で臨むことが大事なのです。

韓国の講演は拍手が盛り上がっていって終わるのと同じように、アメリカの講演は笑いが盛り上がっていって終わります。

最初に誰かがクスクスと笑い始め、だんだん話が続いていって、最後は大爆笑のうちに終わります。

まじめな話をしていてもそうなります。

それには話している側だけの努力の問題ではなくて、聞いている側の協力も大事です。

大勢が話をしている時だけではなく、1対1で話す時でも大事です。

誰かと話をする時に、**相手と一緒に笑い合うつもりで**いますか?

苦虫をかみつぶしたような顔で話を聞いている人は、どこに行っても必ずいます。

それではコミュニケーションはできません。

変にニヤニヤする必要はありません。

一緒に笑える空気をつくっていく。

名刺を交換することばかり考えていてはいけないのです。

どれほど名刺を交換し合っても、一緒に、笑い合う空気をつくっていなければ、その名刺は意味がありません。

一緒に笑い合った仲でこそ、意味のある名刺交換になります。

つまらないジョークでもいいのです。

おじさんは、だいたいつまらないオヤジギャグを言います。

でも、「つまらない」「寒い」と切り捨ててしまわない。

それをフォローしていって、みんなで笑う空気をつくっていくことが大事です。

パーティーでも、ジョークの空気の中にちゃんと入っていかないと、1人だけつまらない存在になってしまいます。

素晴らしい出会いのために 40

面白くなくても、笑おう。

41 パーティージョークを知らない人は、パーティーには行けない。

韓国で講演をした時に、通訳の方が入って訳してくださいました。

私の本の翻訳もしてくださっている人で、すばらしい通訳の内容でした。

私の本は韓国で100万部以上売れています。

特に『20代でしなければならない50のこと』は半年だけで、40万部の大ヒットになりました。

その関係で韓国経済新聞社と教保文庫《きょうほぶんこ》の2カ所で講演をしました。

教保文庫という大型書店で講演をした時は、女子高生がたくさん来ていました。

日本でもあまりありませんが、学校の先生が引率して来ていました。

質疑応答の時に、「中谷さんは俳優もされていますが、今どういう役を一番やりたいですか」と質問されました。

私は笑ってほしくてこう言いました。

「実はすごくやりたい役があるんです。それは、高校生の役」

日本語のわかる子が何人か笑いました。

訳をすると、またどっとウケたのです。

「あっ、ウケた」と思ったら、実は訳が違っていました。

「女子高生の役をやりたい」と訳していました。

翌日の新聞に「日本のベストセラー作家がソウルへ来る。将来の夢は女子高生になること」と出ました。

「俳優としてのやりたい役」がいつのまにか変わって、「将来の夢」に変わっていました。

でも、その訳のほうが面白いからいいんです。

私は、負けてくやしいと思ったくらいです。

この翻訳をしてくれた人の笑いのセンスのほうがすごい。

これはわざと間違えたのではなかったのかもしれません。

笑って、リラックスして和《なご》んでいくことが大事です。

ところが、笑いが起こっている中でも、まだぐっとこらえて、笑ってなるものかという姿勢の人もいます。

知らず知らずのうちに、身についているのです。

子供のころから「ごはんを食べる時は決して笑ってはいけません」「歯を見せてはいけません」「早く食べなさい」と言われ続けて育っているからです。

今の子供は「今日、学校でこんな面白いことがあった」と話そうとすると、「早く食べて、さっさと2階へ上がって勉強しなさい」と言われている。

そのために日本人は、ごはんを食べている時に会話ができません。

外国に行って一番困るのは、ごはんを食べる時の会話ができないことです。

パーティージョークを知りません。

何か笑い話をみんなでしている時に、「こんな面白い話がある」と話せない。

だから、日本人はいつまでたっても日本人同士で固まってグチと悪口をこぼしながら食べているのです。

知らず知らずのうちにそういう姿勢で人の話を聞いてしまっていないか気をつけて

みてください。

素晴らしい出会いのために㊶

食事をしながら会話をしよう。

42

お祭りを一緒にすることで仲良くなれる。

韓国に行った時に、ちょうど私の恋愛小説の新刊が出る日でした。

その出版社の社長さんのところにご挨拶に行きました。

私と社長さんは同じ年でした。

やり手の社長で、『ドラゴンボール』の韓国版を出してベストセラーになり、独立したという勢いのある会社です。

出版社を訪ねて、社長室へ「どうぞ」と案内されると、オフィスの真ん中に豚の頭がドンと置いてありました。

何か見てはいけないものを見たかなと思って、見ないふりをして横を通りました。

いきなりオフィスの真ん中に豚の頭というのは、日本の出版社でもあまり見かけません。

何かなと思いながらも、「これは何ですか」とはやはり聞きにくかった。

社長室に入ると、言われました。

「今日は発売初日なので、発売を祝って売れるように祈願するお祭りがあります」

お祭りとは何なのか、わかりませんでした。

何かお祭りをやることは聞いていたのですが、やっとわかりました。

豚の前にござを敷いて、後ろには豚の足が2本ニョキッと出ていました。

社長さんは靴を脱いで、敷かれたござの上にのって、土下座して2回拝礼をしました。

この時私は、これは見ているだけではいけない、僕もやりますと言おうかなと思っていました。

そうしたら、私が何も言わないうちに、社長は、「はい、次は中谷さん」と言いました。

最初から私がやることはもう決まっていたわけです。

私がやると、その本をつくることにかかわった印刷会社の人、デザイナーの人、書店の人、取次店の人、みんなが次から次へと、お祈りをするのです。

日本の地鎮祭みたいなものです。

豚は商売の神様なのです。

拝礼が終わって、豚の鼻の穴にお札を入れます。

丸めてとんがらせて中に入れるのですが、すっと入るのかなと思っていたら、なかなか刺さりません。

でも、そのおかげで、こんなに大勢の人が参加してやっているのだなということがよくわかりました。

一緒に行ったダイヤモンド社の2人の編集者にも、「これはみんなやらないとまずいでしょう」と、同じことをやってもらいました。

そうしないと、「何だ、日本人は協力する精神がない」と思われてしまいます。

よく考えたら、これも変な話で、その恋愛小説は読売新聞社の本ですから、ダイヤモンド社には関係がありません。

でも、ほかの出版社の本でも、そこでは一応やっておかないとシラける。

外国に行った時に、その土地特有の伝統的な習慣と出会ったら、敬意を持ってノルことが大切です。

いや、私はこんなことはできないとか、変だなとか思ってしまうと、その瞬間にシラける。

その場の空気をシラけさせてはいけません。

友達は、空気からできるのです。

日本国内にだっていろんな文化があります。

その土地の風習を見たら、「なんて古くさいんだろう」と考えないことです。

その土地の伝統や風習は、それぞれの文化の中で息づいているのです。

何か新しい風習に出会ったら、自分もやってみましょう。

素晴らしい出会いのために 42 お祭りの傍観者にならない。

43 一緒に食べることで、仲良くなれる。

国によっては、たかっているハエをフーフー吹きながら、お酒を飲まなければいけないこともあります。

この時に、お酒が飲めるか、飲めないかは関係ありません。

その国の人と仲良くなろうと思ったら、一緒にごはんを食べたり酒を食むことです。

日本ではオフィスだけでビジネスが決まるのではなくて、その後の赤チョウチンという言葉に代表される飲み会が大事です。

何もそのことに後ろめたさを感じる必要はありません。

一緒にごはんを食べて楽しくなければ、大人の友達にはなれません。

仲良く食べることができるのがいいのです。

つまらないという気持ちでダラダラつきあって飲んでいるのが、一番つまらないのです。

韓国の出版社の社長さんは「ここが一番いいところ」と言って料理をとりわけて渡してくれました。

豚の鼻の頭です。

穴まであいています。

もちろん食べてきました。

そこで食べられないようではダメです。

これがコミュニケーションの上で一番大事なことです。

韓国では、おもてなしの料理だと、おかずが24種類も出ます。

おかずがたくさんあることがお客さんに対しての敬意なのです。

私は、これも残してはいけないと思って全部食べました。

喜んでくれるので、他の人の分まで食べました。

初めて食べるものもたくさんありました。

とうとう「それにしても、先生、よく食べますね」と言われてしまいました。
そういう姿勢が大事なのです。
おなかがすいているかすいていないかの問題ではないのです。
食べたいから食べに行くという姿勢ではありません。
ここで仲良くなるんだという姿勢が大事なのです。

素晴らしい出会いのために 43 たくさん食べて、驚かそう。

44 あとがき 人と会うのが、一番元気が出る。

人と会うというのは、エネルギーが要ります。

一番多い質問は、「中谷さんって、なんでいつもそんなに元気なんですか」という質問です。

いつも元気なわけではなくて、元気のない時もあります。

元気がない時は、普通は人に会いたくありません。

でも、私自身の元気の源は、人に会うことです。

人に会うことで元気が出てきます。

原稿を書いたり、講演をしたりして思いきりエネルギーを使ったら、通常は元気がしぼみます。

だから、人に会うことで、相手のエネルギーを受け取り、相手の元気を浴びるわけです。

できれば元気のいい人と会うほうがいい。

これほど元気の出ることはありません。

元気のない人と会っていると、ますますお互いに元気がなくなってきます。

私は、元気がなくなったら人に会う。

人に会ったら、必ず元気が出る。

会うなら、元気な人に会う。

自分の元気も、会った人にどんどん差し上げる。

元気は人にあげたらなくなるというものではありません。

お互いに元気をキャッチボールするのです。

人と人が会って交換するのは、お金でも、契約書でも、名刺でもない。

元気の交換です。

「ごぶさたしております。中谷です」と元気に言うことで、まず自分自身のエネルギーがわいてきます。

相手と話しているうちに、相手の元気をもらって、ますます元気になれるのです。

素晴らしい出会いのために 44

元気がない時は、元気な人に会おう。

中谷彰宏　主な著作リスト

恋愛論・人生論

『オードリーになれる50の小さな習慣』
『映画を観ながら成功する方法』
『心にエンジンがかかる50の小さな習慣』
『人生は、オーディションの連続だ。』
『犬を飼うと、恋人ができる。』
『泣きながら、笑おう。』
『好きなことをやって、成功する法則。』（竹村健一共著）
『何もいいことがなかった日に読む本』
『お金のかからない222の大人のプレゼント』
（以上、ＰＨＰ研究所）
『思い出した夢は、実現する。』
『君はこのままでは終わらない』
『なぜあの人はお金持ちになるのか』
『「習い事」で生まれ変わる42の方法』
『短くて説得力のある文章の書き方』
『超高速　右脳読書法』
『自分力を高めるヒント』
『100歳まで元気に生きるために今できる43の方法』
『破壊から始めよう』
『一流の勉強術』
『免疫力を高める86の方法』（野本亀久雄共著）

『ピンチを楽しもう』
『大人になる前にしなければならない50のこと』
『自分で思うほどダメじゃない』
『学校で教えてくれない50のこと』
（以上、ダイヤモンド社）
ポストカード『会う人みんな神さま』（ＤＨＣ）
文庫『彼が知らない〝彼女〟のＨ』
文庫『背中を押してくれる50のヒント』
文庫『「恋愛運」を味方にする本』
文庫『想いは、かなう』
文庫『自分の魅力に気づく50のヒント』
文庫『前向きになれる50のヒント』
文庫『気持ちが楽になる50のヒント』
文庫『涙をこらえている君に』
文庫『みっともない恋をしよう』
文庫『お金で苦労する人　しない人』
『3分でフェロモンが出た。』
『29歳からの「一人時間」の楽しみ方』
『25歳からの「いい女」の時間割』
『だから、君といるとハッピーになる』
『運命の人《ソウルメイト》と結婚するために』
『セックスの話をしよう』
『なりたい私になる』

『喜びは与えれば与えるほど与えられる』
『知性で運を開く』
『人生を愉しむ50のヒント』
『心の中に火をつける50のヒント』
『魔法の時間をつくる50のヒント』
『昨日のノーは、今日のイエス』
『僕が君に魅かれる理由』（以上、三笠書房）
文庫『キッカケがわかる心理テスト』
文庫『才能を見つける心理テスト』
（以上、成美堂）
『大人のホテル』（オータパブリケーションズ）
『占いで運命を変えることができる』
『あなたにはツキがある』（以上、説話社）
『人生の答え』（テリー伊藤共著）
『自信がよみがえる58の方法』（日下公人共著）
『おもしろおかしく』
『人生の錬金術』
『王様の勉強法』（以上、メディアワークス）
『話芸王』『ほめ芸王』
『自分がブランドになる』
（以上、ＰＡＲＣＯ出版）
『キスに始まり、キスに終わる。』
（加藤鷹共著／ＫＫロングセラーズ）

『子供を自立させる55の方法』
『子供は、ガンコな親を求めている』
『親を教育する62の方法』
(以上、TBSブリタニカ)
『恋愛女王』『「裏」恋愛論』
『生き方のモデルになろう』
『カッコイイ女の条件』(以上、総合法令出版)
『美人の時間術』
『ますます差がつく直感人vs計算人』
『なぜあの人はカリスマがあるのか』
『南青山の天使』(以上、全日出版)
『もっと奥まで、つきあおう。』
『死ぬまでにしなければならない101のH』
『「女を楽しませる」ことが男の最高の仕事。』
『危ない男と、つきあおう。』
『尊敬できる男と、しよう。』
『口説かれる自信を、持とう。』
(以上、大和書房)
『自分リストラ術』
『あなたが変わる自分アピール術』
(以上、幻冬舎)
『和田一夫さんに「元気な人生」を教えてもらう』
(中経出版)

『壁に当たるのはキモチイイ 人生もエッチも』
(サンクチュアリ出版)
『幸せは「ありがとう」の中にある。』
『挨拶の数だけ幸せになれる』
(以上、海竜社)

ビジネス

『上司を動かす50の方法』
『[図説]入社3年目までに勝負がつく75の法則』
『右脳で行動できる人が成功する』
(以上、PHP研究所)
『面接の達人』シリーズ
『受験の達人2000』
『いい質問は、人を動かす。』
『アイデアが止まらなくなる50の方法』
『メンタル力で逆転する50の方法』
『30歳までに成功する50の方法』
『成功する人の話し方』
『なぜあの人は壁を突破できるのか』
『なぜあの人はストレスに強いのか』
『なぜあの人は部下をイキイキさせるのか』
『なぜあの人はリーダーシップがあるのか』
『なぜあの人は落ち込まないのか』

『30代で差がつく50の勉強法』
『20代で差がつく50の勉強法』
『なぜあの人は集中力があるのか』
『なぜあの人は人の心が読めるのか』
『なぜあの人は仕事が速いのか』
『スピード自己実現』
『スピード開運術』
『スピード問題解決』
『スピード危機管理』
『スピード決断術』
『大人のスピード時間術』
『スピード情報術』
『お客様のファンになろう』
『スピード顧客満足』
『スピード意識改革』
『アメリカ人にはできない技術 日本人だからできる技術』
『携帯で声の大きくなる男 デート中にメールを打つ女』
『成功するためにしなければならない80のこと』
『なぜあの人は問題解決がうまいのか』
『成功の方程式』『しびれるサービス』
『大人のスピード思考法』
『しびれる仕事をしよう』
『しびれるブランドを作ろう』

『「アホ」になれる人が成功する』（木村政雄共著）
『大人のスピード説得術』
『ネットで勝つ』『eに賭ける』
『お客様に学ぶサービス勉強法』
『大人のスピード仕事術』
『大人のスピード読書法』
『スピードサービス』『スピード人脈術』
『スピード成功の方程式』
『大人のスピード勉強法』
『スピードリーダーシップ』
『今やるか一生やらないか』
『なぜあの人の話に納得してしまうのか』
『人を喜ばせるために生まれてきた』
『もう「できません」とは言わない』
『お客様が私の先生です』
『なぜあの人は気がきくのか』
『なぜあの人は困った人とつきあえるのか』
『管理職がしなければならない50のこと』
（以上、ダイヤモンド社）
『あなたのお客さんになりたい！2』
『あなたのサービスが忘れられない！』
『あなたのお客さんが戻って来る！』
文庫『あなたのお客さんになりたい！』
文庫『あなたの部下になりたい！』
（以上、三笠書房）
『時間塾』『企画塾』『交渉塾』
『人脈塾』『情報塾』『成功塾』
『自分塾』
（以上、サンマーク文庫）
『億万長者はガレージから生まれる』
『その他大勢から抜け出せ』
『複業で成功する58の方法』
（以上、成美堂文庫）
『レストラン王になろう2』
『レストラン王になろう』
『サービス刑事』『改革王になろう』
『私をホテルに連れてって』
（窪山哲雄共著）
『サービス王になろう2』
『ホテル王になろう』
『ホテル王になろう2』
（以上、オータパブリケーションズ）
『人を動かすコトバ』（実業之日本社）
『あと「ひとこと」の英会話』
（浜家有文子共著／DHC）
『プロデューサーは次を作る』（小室哲哉共著）
（飛鳥新社）
『デジタルマナーの達人』（小学館）
『大金持ちになれる人 小金持ちで終わる人』
『右脳でオンリーワンになる50の方法』
『技術の鉄人・現場の達人』（牧野昇共著）
『情報王』（長谷川慶太郎共著）
（以上、ビジネス社）
文庫『逆境こそ成功のチャンス』
文庫『節目に強い人が成功する』
文庫『マニュアルにないサービスが成功する』
文庫『成功する人 しない人』
（以上、廣済堂）
『ホスト王に学ぶ82の成功法』
『オンリーワンになろう』
（以上、総合法令出版）
マンガ版『ここまでは誰でもやる』（たちばな出版）
『成功者は、新人時代からココが違った。』
（海竜社）

小説

『受験王になろう』（ダイヤモンド社）
『恋愛不倫』『恋愛運命』『恋愛美人』
『恋愛旅行』『恋愛日記』『恋愛小説』
（以上、読売新聞社）

この作品は、一九九八年十二月にダイヤモンド社より刊行された。

中谷彰宏氏は、盲導犬育成事業に賛同し、この本の印税の一部を㈶日本盲導犬協会に寄付しています。

著者紹介

中谷彰宏（なかたに　あきひろ）

1959年4月14日、大阪府堺市生まれ。早稲田大学文学部演劇科卒。博報堂のCMプランナーを経て、執筆活動へ。恋愛エッセイ・小説から人生論、ビジネス書まで、多くのロングセラー・ベストセラーを送りだす。舞台やドラマ出演など、幅広い分野で活躍中。

※本の感想など、どんなことでも、お手紙を楽しみにしています。
　他の人に読まれることはありません。僕は、一生懸命読みます。

中谷彰宏

〒102-8331　千代田区三番町3番地10
　　　　　　ＰＨＰ研究所　文庫出版部気付　中谷彰宏　行

＊食品、現金、切手などの同封は、ご遠慮ください。［出版部］

［中谷彰宏ホームページ］http://www.an-web.com
　　　　　　［モバイル］http://www.an-web.com/i/mobile/

ＰＨＰ文庫　出会いにひとつのムダもない

2004年8月18日　第1版第1刷

著　者　中谷彰宏
発行者　江口克彦
発行所　ＰＨＰ研究所
東京本部　〒102-8331　千代田区三番町3-10
文庫出版部　☎03-3239-6259
普及一部　☎03-3239-6233
京都本部　〒601-8411　京都市南区西九条北ノ内町11
PHP INTERFACE　http://www.php.co.jp/
印刷所
製本所　図書印刷株式会社

ISBN4-569-66236-6

PHP文庫

PHP文庫

小栗かよ子 堀田明美 エレガント・マナー講座
小栗かよ子 自分を磨く「美女」講座
奥脇洋子 魅力あるあなたをつくる感性レッスン
尾崎哲夫 10時間で英語が話せる
尾崎哲夫 10時間で英語が読める
快適生活研究会 「料理」ワザあり事典
快適生活研究会 「冠婚葬祭」ワザあり事典
岳 真也 日本史「悪役」たちの言い分
笠巻勝利 仕事が嫌になったとき読む本
梶原一明 本田宗一郎が教えてくれた
風野真知雄 陳 平
片山又一郎 マーケティングの基本知識
加藤諦三 「やさしさ」と「冷たさ」の心理
加藤諦三 自分に気づく心理学
加藤諦三 「ねばり」と「もろさ」の心理学
加藤諦三 人生の重荷をプラスにする人、マイナスにする人
金盛浦子 「きょうだい」の上手な育て方
金盛浦子 「つらい時」をしのぐちょっとした方法
金森誠也 監修 30ポイントで読み解くクラウゼヴィッツ「戦争論」
加野厚志 島 津 義 弘

加野厚志 本多平八郎忠勝
金平敬之助 ひと言のちがい
神川武利 秋 山 真 之
神川武利 伊 達 宗《むね》 城《なり》
唐土新市郎 図で考える営業マンが成功する
狩野直禎 諸 葛 孔 明
河合 敦 目からウロコの日本史
川北義則 人生、だから面白い
川口素生 「幕末維新」がわかるキーワード事典
川島令三 編著 鉄道なるほど雑学事典
川島令三 幻の鉄道路線を追う
樺 旦純 運がつかめる人 つかめない人
樺 旦純 女ごころ・男ごころがわかる心理テスト
菊入みゆき モチベーションを高める本
菊池道人 斎 藤 一《はじめ》
北岡俊明 ディベートがうまくなる法
紀野一義 文 入江泰吉 写真 仏 像 を 観 る
桐生 操 世界史怖くて不思議なお話
桐生 操 王妃カトリーヌ・ド・メディチ
桐生 操 王妃マルグリット・ド・ヴァロア

楠木誠一郎 石 原 莞 爾
楠山春樹 「老子」を読む
国司義彦 「30代の生き方」を本気で考える本
国司義彦 「40代の生き方」を本気で考える本
栗田昌裕 栗田式記憶法入門
黒岩重吾 古 代 史 の 真 相
黒岩重吾 古代史を解く九つの謎
黒岩重吾 古代史を読み直す
黒鉄ヒロシ 新 選 組
黒鉄ヒロシ 坂 本 龍 馬
黒鉄ヒロシ 幕 末 暗 殺
黒部 亨 宇 喜 多 直 家
ケリー・グリーソン 楡井浩一 訳 なぜか、「仕事がうまくいく人」の習慣
ケリー・グリーソン 楡井浩一 訳 だから、「仕事がうまくいく人」の習慣
小池直己 TOEIC®テストの「決まり文句」
小池直己 TOEIC®テストの英文法
小池直己 TOEIC®テストの英単語
小池直己 佐藤誠司 中学英語を5日間でやり直す本
幸 運 社 意外と知らない「もののはじまり」
神坂次郎 特攻隊員の命の声が聞こえる

PHP文庫

世界博学倶楽部 「世界地理」なるほど雑学事典
関 裕二 古代史の秘密を握る人たち
関 裕二 大化改新の謎
関 裕二 壬申の乱の謎
関 裕二 神武東征の謎
瀬島龍三 大東亜戦争の実相
全国データ愛好会 47都道府県なんでもベスト10
曾野綾子 人は最期の日でさえやり直せる
大疑問研究会 大人の新常識520
太平洋戦争研究会 日本海軍がよくわかる事典
太平洋戦争研究会 日本陸軍がよくわかる事典
太平洋戦争研究会 日露戦争がよくわかる本
多賀一史 日本海軍艦艇ハンドブック
多湖 輝 しつけの知恵
高嶋秀武 話のおもしろい人、つまらない人
髙嶌幸広 話し方上手になる本
髙嶌幸広 「話す力」が身につく本
高野 澄 井伊直政
高橋安昭 会社の数字に強くなる本
高橋勝成 ゴルフ最短上達法

高橋克彦 風の陣「立志篇」
高橋三千世 爆笑！ママが家計を救う
高宮和彦 監修 健康常識なるほど事典
財部誠一 カルロス・ゴーンは日産をいかにして変えたか
滝川好夫 「経済図表・用語」早わかり
田口ランディ ミッドナイト・コール
匠 英一 「意識のしくみ」を科学する
匠 英一 監修 「しぐさと心理」のウラ読み事典
竹内元一 「図解表現」の技術が身につく本
武田鏡村 「図説」戦国兵法のすべて
武光 誠 古代史大逆転
太佐 順 陸《りく》遜《そん》
田坂広志 仕事の思想
田島みるく 文/絵 お子様ってやつは
田島みるく 文/絵 「出産」ってやつは
立石 優 范《はん》蠡《れい》
立川志の輔 選・監修 PHP研究所 編 古典落語100席
田中澄江 「しつけ」の上手《うま》い親・下手な親
田中鳴舟 みるみる字が上手くなる本
谷口克広 目からウロコの戦国時代

谷沢永一 こんな人生を送ってみたい
谷沢永一/渡部昇一 孫子・勝つために何をすべきか
田原 紘 目からウロコのパット術
田原 紘 ゴルフ下手が治る本
田辺聖子 恋する罪びと
丹波 元 京都人と大阪人と神戸人
丹波 元 まるかじり礼儀作法
柘植久慶 歴史を動かした「独裁者」
柘植久慶 日露戦争名将伝
出口保夫 イギリスの優雅な生活
デニース・スコフィールド 小谷啓子 訳 少しの手間できれいに暮らす
寺林 峻 エピソードで読む黒田官兵衛
童門冬二 「情」の管理・「知」の管理
童門冬二 上杉鷹山の経営学
童門冬二 男の論語（上）（下）
戸部新十郎 二十五人の剣豪
戸部民夫 「日本の神様」がよくわかる本
ドロシー・ロー・ノルト/レイチャル・ハリス 石井千春 訳 子どもが育つ魔法の言葉
ドロシー・ロー・ノルト 石井千春/武者小路実昭 訳 子どもが育つ魔法の言葉 for the Heart
土門周平 天皇と太平洋戦争

PHP文庫

中江克己　お江戸の意外な生活事情
中江克己　お江戸の地名の意外な由来
長尾　剛　新釈「五輪書」
中川昌彦　自分の意見がはっきり言える本
長坂幸子 監修　家庭料理「そうだったのか!」クイズ
永崎一則　人はことばに励まされ、ことばで鍛えられる
永崎一則　人をほめるコツ・叱るコツ
永崎一則　話力をつけるコツ
中澤天童　名古屋の本
中島道子　松平忠輝
中島道子　松平春《しゅん》嶽《がく》
中曽根康弘／石原慎太郎　永遠なれ、日本
永田英正　項羽
中谷彰宏　入社3年目までに勝負がつく77の法則
中谷彰宏　なぜ彼女にオーラを感じるのか
中谷彰宏　自分で考える人が成功する
中谷彰宏　時間に強い人が成功する
中谷彰宏　大学時代しなければならない50のこと
中谷彰宏　なぜあの人にまた会いたくなるのか
中谷彰宏　「大人の女」のマナー

中谷彰宏　人を許すことで人は許される
中谷彰宏　なぜ、あの人は「存在感」があるのか
中谷彰宏　人を動かせる人の50の小さな習慣
中谷彰宏　本当の自分に出会える１０１の言葉
中谷彰宏　一日に24時間もあるじゃないか
中津文彦　歴史に消された「18人のミステリー」
中西　安　数字が苦手な人の経営分析
中西輝政　大英帝国衰亡史
中野　明　論理的に思考する技術
中原英臣／佐川　峻　なにが「脳」を壊していくのか
中村昭雄 監修／造事務所 著　図解 政府・国会・官公庁のしくみ
中村彰彦　幕末を読み直す
中村　晃　児玉源太郎
中村祐輔 監修　遺伝子の謎を楽しむ本
中村幸昭　マグロは時速１６０キロで泳ぐ
中村義作 編／阿邊恵一 著　知って得する! 速算術
中山み登り　へなちょこシングルマザー日記
中山庸子　「夢ノート」のつくりかた
中山庸子　夢生活カレンダー
奈良井安　「問題解決力」がみるみる身につく本

西野武彦　「株のしくみ」がよくわかる本
西本万映子　「就職」に成功する文章術
日本博学倶楽部　「歴史」の意外な結末
日本博学倶楽部　「関東」と「関西」こんなに違う事典
日本博学倶楽部　雑学大学
日本博学倶楽部　歴史の意外な「ウラ事情」
日本博学倶楽部　戦国武将・あの人の「その後」
日本博学倶楽部　幕末維新・あの人の「その後」
日本博学倶楽部　日露戦争・あの人の「その後」
沼田陽一　イヌはなぜ人間になつくのか
野村敏雄　小早川隆景
野村敏雄　秋山好古
ハイパープレス　雑学居酒屋
葉治英哉　松平容保
長谷川三千子　正義の喪失
秦　郁彦 編　ゼロ戦20番勝負
畠山芳雄　人を育てる１００の鉄則
服部英彦　「質問力」のある人が成功する
服部省吾　戦闘機の戦い方
服部隆幸　［入門］ワン・トゥ・ワン・マーケティング